国家出版基金项目
NATIONAL PUBLICATION FOUNDATION

邵鳴九◎著

國音沿革六講

山西出版傳媒集團
山西人民出版社

圖書在版編目(CIP)數據

國音沿革六講 / 邵鳴九著. —太原: 山西人民出版社, 2014.12
(近代名家散佚學術著作叢刊 / 許嘉璐主編)
ISBN 978-7-203-08759-5

Ⅰ. ①國… Ⅱ. ①邵… Ⅲ. ①漢語－語音學－研究 Ⅳ. ①H11

中國版本圖書館CIP數據核字(2014)第234666號

國音沿革六講

主　　編　許嘉璐
著　　者　邵鳴九
責任編輯　馮靈芝

出 版 者　山西出版傳媒集團·山西人民出版社
地　　址　太原市建設南路21號
郵　　編　030012
發行營銷　0351－4922220　4955996　4956039
　　　　　0351－4922127(傳真)　4956038(郵購)
E－mail　sxskcb@163.com　發行部
　　　　　sxskcb@126.com　總編室
網　　址　www.sxskcb.com

經 銷 者　山西出版傳媒集團·山西人民出版社
承 印 廠　山西出版傳媒集團·山西人民印刷有限責任公司

開　　本　700mm×970mm　1/16
印　　張　10.25
字　　數　85千字
印　　數　1—3000冊
版　　次　2014年12月　第1版
印　　次　2014年12月　第1次印刷
書　　號　ISBN 978-7-203-08759-5
定　　價　26.00圓

《近代名家散佚學術著作叢刊》編委會

出版説明

近代名家散佚學術著作叢刊選取一九四九年以後未再刊行之近代名家學術著作共一百二十册，編例如次：

一、本叢書遴選之著作在相關學術領域具有一定的代表性，在學術研究方向、方法上獨具特色。

二、爲避免重新排印時出錯，本叢書原本原貌影印出版。影印之底本皆經專家組審定，原書字體大小，排版格式均未做大的改變，原書之序言、附注皆予保留。

三、本叢書分爲八大類，以作者生卒年編次。

四、爲使叢書體例一致，本叢書前言後記均采用繁體字排版。

五、個别頁碼較少的版本，爲方便裝幀和閲讀，進行了合訂。

六、少數學術著作原書内容有個别破損之處，編者以不改變版本内容爲前提，部分進行修補，難以修復之處保留缺損原狀。

七、原版書中個别錯訛之處，皆照原樣影印，未做修改。

八、所選版本之抽印本頁碼標注，起始至所終頁碼均照原樣影印，未重新編排標注新頁碼。

由於叢書規模較大，不足之處，殷切期待方家指正。

總序／

披沙瀝金，以爲鏡鑒

◇許嘉璐

多年來有一個問題始終在我腦中盤桓：爲什麽在十九世紀末到二十世紀初，在短短的幾十年裏，中國的各個學術領域竟涌現了那麽多大師級的人物？這是中國近代史上一個極爲重要的現象，我認爲，如果不能給出令人滿意的答案，我們撰寫的近代學術史將是不完整的，甚至是缺乏靈魂的。後來我知道，著名人類學家克羅伯曾提出過一個問題：爲什麽天才成群地來？看來這種現象的出現並非中國所獨有，思考其所以然的也大有人在。而在那一次世紀之交中國的情况，似乎應驗了「天才成群地來」這個令克氏久久不解的疑問。錢學森先生曾從相反的方向提出了相同的疑問：爲什麽我們這個時代出現不了杰出人才？後來人們稱這個問題爲「錢學森之謎」。

要回答這些疑問不是件容易的事。與其迅速地囫圇地探尋，不如先多了解那些讓中國近代學術（應該包括人文科學和自然科學）史上閃耀着光輝的大師們的作品和自述，從而在腦海里盡量「復原」他們所處的環境和在那種環境下的心理路徑，從中或許可以得到一些啓示。

有一點是顯然的，這就是他們雖然都已遠離塵世而去，但是他們獨立思考的品性、求知治學的真誠、困厄窮愁中對節操的堅守，恐怕是他們共同的主觀因素，一直影響到現在，而且將會永遠留存下去。

就思想界、學術界而言，二十世紀上半葉是一個新説和舊説碰撞，中學和西學融匯的大時代。那時的學人極爲重視言行操守，同時具備現代知識分子的理想信念；他們的學術研究十分純净，絶少功利因素；他們的視界開闊，以包容的心態和嚴謹的風格造就了成果的大氣與厚重。至於在客觀因素一面，他們實際是在用工業化時代的事實解説着太史公所説的名山之作「大抵聖賢發憤之所爲作」，困厄苦難使得他們「皆意有所鬱結」。這種鬱結，幾乎和個人的名利毫無牽涉，他們永遠不能釋懷的，是民族的存亡、國運的興衰、民衆的福禍和文脈的續斷。

那個時代也是近代歷史上最大規模的中西古今學術調適、創新的時期，學術方法上的交互滲透和融合、創新亦可謂「於斯爲盛」。斯時之學人是要在封閉的屋墻上鑿出窗子的勇士，是使人能够看看外部世界的第一批導夫先路者；或者可以説，他們是在「意有所鬱結」時「彷徨」和「吶喊」的「狂人」。

相對於那時的哲人們，後來者是幸運兒。現在的形勢是，近三十年來學界空前繁榮，衆多學科有了長足之進，其中很重要的一點是學界有了更新穎、更廣闊的國際視野，似乎接續上了百年前的學壇盛事。但細想想，「古」與「今」還是有差别的。其异，主要不在於世界情勢、學術進展、工具改善這些客觀存在，而在於在廣泛吸收各國優長的同時，自身文化的主體性越來越受到重視，換言之，「拿來主義」已經延長了「拿來」的程序，加上了試用、甄别、篩選、吸收、融合、成長。就我孤陋所見，在當今地球上，面向所有異質文明，努力汲取我之所缺，其範圍之大和心態之切，似乎無出中國之右者。從這個角度説，我們已經超越了前輩。但是事情還有另外一面，學術，特别是人文學科，其職業化、「沙龍化」和功利性，以及隨之而來的浮躁病却嚴重了。從這個角度説，是不是我們已經後退得够可以的了？而這是不是我們這個時代出不了大師的原因之一呢？

民國學術界的特點之一是極爲注重對傳統的反省、批判與繼承。他們對傳統文化盡最大的努力進行整理和研究。一方面，由於戰亂頻仍，民不聊生，學者們擔起了讓中華文化薪火相傳的歷史責任；另一方面，他們要通過對中國傳統文化的整理、挖掘來重振民族自信心。這一時期對傳統文化進行整理的全面而深入是前所未有的，舉凡文字學、語言學、經濟學、法學、哲學、政治制度、書法繪畫、金石學……規模之宏大，研究之精微，令人嘆爲觀止。

民國學術推動了現代學科體系的建立。在對傳統文化整理和研究的基礎上，吸收西方的文化思想和理念，推動和建立了中國現代學科體系。例如，在對語言文字和音韵學成果進行整理、研究的基礎上開始着手規範之，建立了國語學；深入研究書法、國畫，將其融入了現代美術學科；在廢除舊有學制後逐步建立起小、中、大學較完整的科目和學科體系。

民國學術也改變了傳統學術方式，建立了新的研究範式。以現代科學考古爲發端，科研的實踐和成果使中國知識界真正認識到在實驗、比較基礎上的邏輯分析對學術研究的重要，推進了中國學術的一大演變。至於我們常説的打破士大夫傳統、走出書齋到田野鄉村和市民中進行調查研究、結束了經學時代、以歷史眼光檢視儒學和諸子等等，都是確立新學術範式的努力。這一轉變，也標誌着中國學術界脱胎换骨，全面進入了現代，爲此後的學術發展奠定了堅實的基礎。當然，西方啓蒙運動以來，在「現代性」和「現代化」裏潛伏着的缺陷和謬誤也傳到了中國，這些不能不在前哲的著作裏留下痕迹。這並不奇怪。類似的情况，古往今來孰能免之？猶如今天的我們，誰敢自稱我之所見就是永恒的真理？在這個問題上兩個時代所異者，或許就在昔時大家創立新説或譯註西學著作，往往是懷着對學術和前哲的敬畏而爲之，故而常常誤不在我；當今則往往出於對學問和他人的輕蔑，或以所研究的對象爲謀己的工具，因而難辭主觀之咎吧。翻閱他們的心血之作，這些復雜的狀況可以顯見，可以視之爲我們的一面鏡子。

滄海桑田，世事變幻，歷史的動盪和時代的遮蔽，使當年許多大師的一些極有價值的學術著作被棄於故紙堆中，不能不令人有遺珠之憾。爲此，山西人民出版社不惜以數年之艱辛，披沙瀝金，編輯出版這套近代名家散佚學術著作叢刊，凡一百二十册，計文學、史學、政治與法律、美學與文藝理論、民族風俗、宗教與哲學、經濟、語言文獻共八大類別。所選皆爲作者之純學術著作，無論是其見解、精神，抑或是其時代烙印，都是後輩學人可資借鑒的寶貴財富。他們出版這套叢書，意在讓世人不忘來程，知篳路藍縷之不易，爲民族文化的傳承再增薪木。

出版社的初衷，與我近年來所思所慮近似，故願略述淺見於書端，以與策劃者、編輯者和讀者共勉。

二〇一四年七月六日

改定於自安東回京途中

前言／二十世纪学术大厦散落的珍贵基石

◇李明君

二十世紀前期，注定是中國學術研究跨入現代科學發展風雲際會的時代，它基本上奠定了本世紀學術大厦的基礎。

進入二十一世紀後，當我們站在輝煌學術大厦的頂端，躊躇滿志地回眸近百年學術成果的時候，在大厦的上空，似乎迴旋着一種久已消逝的聲音；在大厦的背後，似乎散落着一些久已塵封的基石——它們，便是一些散佚的二十世紀前期的學術著作。這些在當時乃至後來都産生過重大影響的名家學術著作，一九四九年以後，基本上没有在大陸再版，因而逐漸沉没在忘卻的海洋裏。

七八十年之後，當我們拂去灰塵，重新審視這些散佚的學術著作時，才發現它們的價值是如此的珍貴，成果是如此的豐厚，研究是如此的深入，而傾注的情感又是那麽的深沉。重讀這些經典，仿佛是聆聽這些儒雅的學者給我們講述民國學術的蹉跎歲月，唤醒了我們久已淡忘的歷史記憶。

一、西學東漸與承前啓後

二十世紀前期，西風東漸，中西文化交流擴大，新知識、新觀念大量涌入我國。倡導科學精神與采用科學研究方法，不僅衝擊了中國原有的知識體系和思想觀念，更爲現代學術思想的更新和研究拓展了空間。

這一時期的學術研究集中地體現在繼承、清理傳統學術的「承續先哲將墜之業」和「開拓學術之區宇，補前修所未逮」（陳寅恪王靜安先生遺書·序）兩個方面。學者們既是傳統學術的繼承者，又是現代學術的開拓者。

二、清理拓荒與學術奠基

辛亥革命之後，社會文明進步，文化教育普及，學術研究也力求使高深的學問向普及的大衆化知識轉化。故而，其時以基礎的和通論性的著作爲多見。

例如，邵鳴九的國音沿革六講、胡以魯的國語學草創、羅常培的國音字母演進史、吴貫因的中國文字之起源及變遷以及王力的漢字改革等即屬此類。

而論點集中的專題性論著，如王力的南北朝詩人用韵考、王光祈的中國詩詞曲之輕重律、白滌洲關中入聲之變化等，則以其研究深入和範疇擴展而更有價值。

這些學人以杰出的膽略、識見、才華，以及對本學科知識的通體了解，破除成見，大膽創新，開創了二十世紀學術發展的新局面。

三、學出多門與新式教育

這些學者們知識豐厚，見解獨到，憑藉着傳統文化的根底和新鋭的西方現代學術觀念，意氣風發地縱横文壇，在多個領域都有建樹。

他們大多具備深厚的國學修養：如夏敬觀爲清光緒年舉人，工詩善詞，兼治經學。盧冀野是曲學大師吴梅的門生，錢玄同爲國學大師章太炎的弟子。

而新式的學校教育和出國留學則直接學習西方科學的理論和方法，爲中國的學術研究注入了新的活力。

本編的作者們大多留學於歐美東洋，有過親炙現代學術導師和受現代學術訓練的經歷。如沈兼士、胡以魯、吳貫因等曾留學日本，王力留學法國，周傳儒有過英國劍橋、德國柏林大學的求學經歷，而王光祈則客居德國十多年，於政治經濟學與音樂學多有研究。

這些學者們歸國以後，或執教於高等學府教書育人，或投身於科研機構潛心工作，爲以後的著書立説進行知識的儲備。

本編中周傳儒、羅常培、顧實的著作即是在大學講義的基礎上創作的，白滌洲的關中入聲之變化也是在陝西關中四十二縣方言調查的基礎上撰成的。由於這些著作經過教學實踐和實地考察，因而研究成果扎實，學術含量深厚。

本編不少作者除音韵研究術有專攻之外：邵鳴九在傳統經學、幼兒教育、日本教育、地方行政教育、院校學科管理方面著述甚多；王光祈有音樂、戲劇、美術、國防、外交、政治方面的譯作論著幾十種；盧冀野於古代戲曲、詞曲、詩歌、小説、散曲、舊體詩等方面也著述豐厚。

民國學者知識廣博，師出多門，不囿一業，是一種非常普遍的現象。

四、資料功夫與科學解釋

王國維先生曾説：「古來新學問起，大都由於新發見。」（王國維最近二三十年中中國新發見之學問）掌握新資料，采用現代科學理論研究新問題，是二十世紀前期學術研究的鮮明特點。

民國初年，地不愛寶，考古新材料如殷墟甲骨、敦煌遺書、西陲簡牘相繼出現，爲現代學術研究提供了豐富的資料基礎。學者們充分利用考古新資料和西方現代音韵學研究的理論及方法，使語言文獻學的研究得到長足的發展。

例如，周傳儒的甲骨文字與殷商制度就利用了殷墟考古出土的甲骨文資料，魏建功的十韻彙匯編資料補並釋則利用了國内外的敦煌石窟、高昌古城發現的古韻書新資料。

而胡以魯采用現代人類學、心理學、生理學理論對語言的發生、變化以及口舌發音的科學解釋，王光祈將我國「平聲」之字與近代西洋語言之「重音」與古希臘文字之「長音」的比較，以及白滌洲采用幾十幅圖表反映關中方言入聲變化規律的研究，都令人耳目一新。

這些學者們在研究問題時采用的資料之豐富、理論之新穎、考察範圍之廣袤、考釋方法之縝密，都是傳統研究者所難以達到的。

五、良好的學術環境與端正的學術風氣

經過了六七十年的時空距離，我們似乎不得不承認一九二七年至一九三七年的這十年，雖然社會動盪、戰亂時起，但卻是中國學術發展環境、學者精神狀態與物質待遇都相對優越的年代。這十年間，中外學術交流頻繁，科學研究興盛，學術成果豐碩。本編作品，基本上都撰成或出版於這十年。

這期間學術研究的繁榮與發展主要表現在以下諸方面：

（一）前輩學者對新學者的推崇獎掖

民國初期，前輩學者對青年學子的獎掖成爲風氣：梁啓超就盛贊清華國學院學生王力的中國古文法爲「精思妙悟，可爲斯學辟一新途徑」。章太炎也稱譽胡以魯的新著爲「精微畢輸，黄中通理，其用心可謂周矣」（章炳麟國語學草創序）。而當時的胡以魯才僅僅是個留日歸國的本科學士。

（二）學術觀點表達自由，學術争論視爲雅事

學術争論是提高保持學術活力、學術質量，維護學術尊嚴的重要形式。學術争論提倡百家争鳴，以理服人。

學者周祖謨針對音韻學研究中固守舊說的現象，認爲「學者求知，貴得其真，豈可專己守殘，隨聲附和」（周祖謨古音有無上去二聲辨·字辨第五）。顧實也以「發明古籍之奧蘊，是正世儒之訛謬」（重考古今僞書考·蔣維喬序）的膽略，重考清代辨僞名著古今僞書考。

學者邵鳴九針對有人視唐代三十六字母與北宋廣韻爲金科玉律的觀點，風趣地說：從周到秦「若說這一千年之中，標準音一些也没有變，姬昌和嬴政竟可促膝而談，相說以解，恐怕没有這種情理」（邵鳴九國音沿革六講）。

那個時候，不僅學術評價實事求是，而且學者之間相互尊敬，有着良好的學術氛圍。例如，沈兼士就「極爲感謝」李方桂、林語堂、魏建功等人對其「右文說」的專函討論，認爲「諸說均足訂補鄙見之不足」（沈兼士右文說在訓詁學上之沿革及推闡附識），體現了一種學人的雅量。吳貫因針對拼音字母必將取代漢字的時論，力排衆議，認爲「全廢漢字，前途尚覺遼遠」（吳貫因中國文字之起源及變遷）。現代漢字發展證明他的預見是正確的。

（三）學風嚴謹，資料來源清楚

嚴謹的學風與註明資料來源，是學術品德高尚的表現。白滌洲在著作中附録的關中入聲變讀聲調譜部首索引，是自古以來傳統文獻所鮮見，而現代學術著作不可或缺的書籍檢索構成。

魏建功、邵鳴九、王力等學者在引用他人論述時，均說明來源，標明作者的時代、書名、篇章，對引文亦如實迻録，低兩格排印，以示鄭重。既不掠人之美，又無曲解原義。

（四）學風端正，著述言簡意賅

本文作者曾經統計了語言文字編的八九本著作的頁碼與字數：其中頁碼最多、書籍最厚者是胡以魯的國語學草創，一百四十七頁，頁碼最少、書籍最薄者爲王光祈的中國詩詞曲之輕重律僅四十一頁；而書籍字數最多者爲七萬三千多，最少者則不足二萬。

雖然這些書籍都很薄，但在撰寫中卻用力甚勤：學術内容豐厚，書籍章節完備，文字表述精準，毫無浮滑不實的繁言蔓詞和故作深奧的賣弄之嫌。

面對這些沉甸甸的精深之作，反觀時下動輒幾十萬言的「皇皇巨著」，學術水平的高下自然不難判斷。

六、憂患意識與書生報國

「位卑未敢忘憂國」這種偉大的愛國情懷，每當國家危難之時，無論在傳統文人還是在現代知識分子身上都表現得那麽深沉。

的確，在國難之時，挺身而出，積極參與，是一種非常可敬的愛國行爲。即如中國詩詞曲之輕重律的著者王光祈，就積極參加過四川的保路運動和北京的「五四」遊行、籌辦過「少年中國學會」，是一位熱情的社會活動家。廣中原音韵小令定格的著者盧冀野，抗戰期間創作的中興鼓吹曾分贈前綫將士，起到了鼓舞士氣的作用。

然而，就知識分子群體來説，絶大多數人則不可能奔赴疆場，那麽像明末清初的「易堂九子」那樣，「兄弟戚友保聚一地，相與從容講文論學於乾撼坤岌之際」（陳寅恪贈蔣秉南序），就是一種更爲深重地延續文脈、保存國粹的愛國行爲。即如抗戰期間的西南聯大、中央研究院的學者們，在艱苦的條件下，或考察研究，或教學著述，無疑是一種文人的報國方式。

學者王力就將做學問與抗戰聯繫起來，他説：「前方將士正在浴血苦戰的時候，我們這班文人還安享着國家的俸給，清夜捫心，實在慚愧。若對於國家當前的問題，也不肯本平日所學，貢獻所知，則國家養士何用？」（王力漢字改革·自序）知識分子的愛國真情表露無遺。

而像劉半農那樣在考察方言途中染病逝世，像白滌洲那樣，在家中連喪五位親人之後還忍痛遠赴西北進行考察，不久也因病而逝的報國行爲，就更加感人至深，令人噓唏。

書生報國，鞠躬盡瘁，死而無悔，是那一代知識分子共同的情操。

七、結集出版與刊物發表

出版印刷的興盛爲二十世紀前期的學術繁榮做出了突出的貢獻。民國時期許多優秀的學者如張元濟、高夢旦、王雲五等相繼入主出版，更多的學者如胡適、胡愈之、沈雁冰、葉聖陶等參與編輯。他們氣度豁達，慧眼識珠，出版專著，創辦刊物，編纂文庫，結集叢書，使許多學術新見解和研究新成果得到了及時、多元的表達，加速了學術研究的發展與傳播。

本編的著作大多初版即爲專著。也有一些學者如沈兼士、王力、周祖謨、白滌洲等的著述卻是先發表於刊物，後來才抽印成專著的。這些抽印本有過學術討論的積澱，水平自然可嘉。

二十世紀初，雖然白話文與新式標點曾遭到激烈反對，但它們還是以明了通暢的形式佔據了民國文本形式的主流。本編的作者們大都能較熟練地運用白話文進行寫作，有時「因欲與引证文字相符合」，而不得已采用文言文時還特地加以説明（邵鳴九國語學沿革六講·例言）。這種爲讀者着想的方法無疑促進了中國學術由高深奧妙向大衆「公器」的轉變。

民國書刊的排列雖因時代新舊交替而横、竪并存，但統一采用新式標點符號，則是學者們引領潮流，與時俱進思想的表現。

撫今追昔，當我們掀開這些泛黄的書頁，看着似曾相識的繁體字，竟萌生出一種撫摸民國學術體温的感動。

他們的貢獻無愧於那個時代，他們的著作堪稱爲學術經典。

是以爲序。

二〇一四年五月十五日於三亞學院

作者簡介

邵鳴九，生平不詳。

例言

一　本書對於國音沿革上，溯自周秦始迄最近民國止所有各時代的標準音，都包括在內。

二　本書內容分作六講：如周秦，兩漢，隋唐宋元明清及現代等；並舉各時代有系統之國音而詳述之，以便傳習國音符號的參攷。

三　本書所搜材料，除用歷代有關國音上之適當參攷外；大都採自王璞先生著作宏論，以充實內容，誌此感謝。

四　本書爲國音書中之首創，編列方式，及各種攷證諸問題；以編者限於學力，尙希專家予以指教焉！

五　本書第六講內所用文言，因欲與引證文字相符合，此爲不得已情形。

六　本書最後附聲韻和反切的說明，似與國音沿革上，有連帶關係，幸賜注意！

七　本書編成後，經蔣梅笙先生校閱一過，誌此謝謝。

二四，十二，八。編者識於上海市商會商業中學。

目次

總論……一
第一講　周秦時代的標準音……六
1　古音和今音……六
2　周秦的音……七
3　周的標準音……九
4　周音的紐韻……一三
第二講　兩漢時代的標準音……一九
1　兩漢時代用韻的混雜……一九
2　兩漢時代沒有標準音……二〇

第三講　魏晉六朝的標準音……一三
1 魏晉六朝的韻書……一三
2 韻書定音的標準……二六
第四講　隋唐宋的標準音……二七
1 聲類……二七
2 韻部……三八
3 韻攝……四六
第五講　元明清三代的標準音……五六
1 中原音韻……五九
2 洪武正韻……六五
3 字母切韻要法……七一
4 五方元音……七三

第六講　現代的標準音——注音符號……七九
1 萌芽時期……八〇
2 推進時期……八一
3 發達時期……九二
附聲韻和反切的說明……一〇二
1 聲類……一〇三
2 阻……一〇五
3 無聲僕音和有聲僕音……一一二
4 韻部……一一六
5 等呼……一一八
6 單純元音複聲元音和附聲的元音……一二〇
7 四聲……一二二

8　韻攝……一二六
9　反切的方法……一二八

國音沿革六講

總論

現在注音符號已經公布了。國音字典已經出版了。中華民國國語的標準音從此規定了。這是近年來最可欣喜的一件事。但是一班好古的成見很深的人，對于這注音符號，總說他不成個東西。就是不懷好古的成見的人，也未嘗不以爲注音符號這樣東西，不過供那班失學的人寫信記賬的用處；在聲音學上，是講不出甚麼道理來的。即如聲音簡少一端，已是證明其沒有價値；而況所注的字音，往往與舊韻書不合。所以注音符號在學術上是沒有他站的地位。現在抱上列兩種見解的人，實在很多。

其實這兩種見解都是謬誤的。若用歷史的眼光觀察，則知注音符號的音比舊紐舊韻簡少，國音字典的讀音不同於廣韻諸書，這是古今聲音有異同的問題，斷不能說他孰是孰非。我們應該知道；注音符號是中華民國的標準音；那廣韻是隋唐宋這些時代的標準音；其他如中原音韻和洪武正韻是元明時代的標準音；近人所考定的古音十九紐和二十八韻是周秦時代的標準音。一時代有一時代的標準音，彼此雖不是完全差異，却總有許多不同之點。

我們欲明中國字音的變遷，須先明中國音韻學內容的大概以及牠的重要的術語。中國字音構成的要素有二：一是「聲」，一是「韻」。中國音韻學的所謂「聲」，即英文的所謂『僕音』(Consonant)；但其所謂「韻」，和英文『元音』(Vowel)微異。因爲吾人發音的機關，從聲門到脣，其上下相對的部位，如軟顎和舌根，硬顎和舌前，上齒和下脣等，都可以互相接觸。當聲氣從氣管外洩的時候，若其上下相對的部位相接觸，則氣流被阻，被阻的氣，或破裂而出，或摩擦而出，或改道鼻管而出。這被阻而出的音，就稱是「聲」。將某一時代某一地方所發的「聲」分爲若干類，就稱做『聲類』，或者稱是『音紐』，古或稱爲『字母』。又當聲音自氣管外洩的時候，其不遇脣齒等的阻礙的，這稱做「韻」；不過「韻」也受舌的前後升降和脣的圓否的影響而起變化。中國韻書的劃分『韻部』，往往因『四聲』『等呼』『古今音』的原故，所以覺得非常繁複而不能將一元音爲一「韻」。後學的人方纔把元音比較相同的數韻做一類而稱牠是『韻攝』。所謂『四聲』，就是一個韻因高低緩促的原故可分爲「平」「上」「去」「入」四項，牠的性質，就是近代的文字學家還沒有明確可靠的解釋；因爲起於魏晉的時候，而因時因地而起變化。所謂『陰陽聲』實在是中國文字學上含義不明的術語。其所謂『陰聲』，就是現在人的所謂『單純韻母』和『複合韻母』，如注音符號裏的「ㄚ」「ㄛ」和「ㄞ」「ㄟ」等；其所謂『陽聲』就是現在人的所謂附帶鼻音的『附聲韻母』，如注音符號裏的「ㄢ」「ㄤ」等。所謂『等呼』，或稱『四等呼』；大概根據中國音韻上的習慣，每一個韻可以分作『開口』和『合口』二等，開合又可以分作「洪」「細」二等，開口洪音稱『開口呼』，簡單稱『開』，例如「山」（ㄕㄢ）(San)字；開口細音稱『齊齒呼』，簡稱「齊」，如「仙」（ㄙㄧㄢ）(Sian)字；合口洪音稱『合口呼』，簡稱「合」，如「酸」（ㄙㄨㄢ）(Suan)字；合口細音稱『撮口呼』，簡稱「撮」，如「宣」（ㄙㄩㄢ）(Süan)字。

中國音韻學裏有所謂『反切』，實在是從漢末到注音符號公布前的一種標音方法。因爲最古標音的方法就是『六書』裏的『諧聲』，如「江」從「工」聲，就讀作「工」。後來字音變而字形不變，於是『諧聲』標音的功用失了，而『直音』的方法繼續起來。所謂『直音』的意義就是把同音的他字比方此字的音，如說文『莠讀若酉』和其他古籍裏的『某音某』一類都是。但是『直音』有時而窮，就把二字的音拼合爲一字的音。這稱『反切』，換句話說就是反切上一字爲表其聲，下一字爲表其韻，這理由恰和注音符號的標注漢字相同。如『公古紅切』就是把「古」（ㄍㄨ）字的聲（ㄍ）表「公」（ㄍㄨㄥ）字的聲（ㄍ），「紅」（ㄏㄨㄥ）字的韻（ㄨㄥ）表「公」（ㄍㄨㄥ）字的韻。這個方法大概起於漢末的時候；到了魏朝孫炎有著作爾雅音義，方纔通行愈速，而『反切』也就盛行起來了。

現在要把古今各時代可考的標準音分作六期如下：

第一期，紀元前十一世紀到前三世紀，（周，秦）。

第二期，前二世紀到二世紀，（兩漢）。

第三期，三世紀到六世紀，（魏，晉，南北朝）。
第四期，七世紀到十三世紀，（隋，唐，宋）。
第五期，十四世紀到十九世紀，（元，明，清）。
第六期，二十世紀，（中華民國）。
上面所說各期的起迄，並非精密的劃分，不過略記時期，圖講解上的便利罷了。

第一講　周秦時代的標準音

1　古音和今音

周秦時代的音，以前的人都稱他爲『古音』。是因爲他們有一種尊古蔑今的成見：他們拿唐代的三十六字母和宋朝的廣韻認爲金科玉律，說這是永久不變的標準音；對于元明以來的音，認爲不可依據的誤音。因此，便稱唐宋的音爲『今音』。可是周秦的音，既因爲和唐宋不同，不能劃歸今音區域之內；又因爲時代比唐宋更古，不便認爲誤音。因此便稱他爲『古音』了。由這種尊古蔑今的成見生出來的名稱，我們現在當然不能沿用。現在對于這期的音，應該直稱他爲『周秦時代的音』，才是不錯。

爲甚麽不講到周代以前的音呢？因爲我們現在考證隋唐以前的標準音，除了字書和雙聲疊韻的字以外，就是依據那時候的詩歌，拿他用韻的字來考那時候的韻部。周代以前的文章，只有尙書裏還存留四五篇。那四五篇文章之中，可以作爲考證聲音之材料的，眞是絕無僅有。我們斷不能據了斷簡殘篇中間幾個字，就認爲可得唐，虞，夏，殷四代的標準音。尚書以外的古書。就要推詩經了。詩經中間的詩，時代最古的，就是周南。周南是周文王時候的詩，雖在殷朝末年，却可以歸到周代來算。既然從這時候起才有詩歌的用韻可考，那麼，講前代的標準音，自然只能從周代講起了。

2 周秦的音

一部詩經中間，最古的詩是周南，最後的詩是陳風。從周文王到陳靈公的時候，大約有五六百年光景。我們就現代的情形推想到周代，似乎那時候的音未必有統一五六百年的能力。況且這第一期既然劃到秦爲止，則此期所佔的年代總在一千年左右。若說這一千年之中標準音一些也沒有改變，姬昌和嬴政竟可促膝而談，相說以解，恐怕沒有這種情理。

既然知道這一千年之中的標準音必有改變，那麼何以要把周秦的音併作一期呢？這是因爲沒有法想的原故，這一千年之中，可以作爲考證聲音之材料的詩歌和雜文，雖然比到殷朝以前，總算有了一點，但是合詩經，楚辭及諸子中用韻的文句可考的聲音實在還是很少。據最近三百年來『漢學家』的考證，覺得屈原，李斯這些人所作的文，他那用韻的字，和詩經相較，找不出甚麼異同來，所以只可含糊一點，併作一期計算。至於地方不同，聲音卽因之而異，這種情形，現在交通很便利了，還是如此；那麼周朝的時候，尙在封建之世，彼此一定是『言語異聲，文字異形』不會一致的。但是那時候，彼此交際的事——如朝，聘，會盟——是常常有的。交際的時候，一定有一種通用的語言文字。這種通用的語言文字，就是那時候的標準語言文字；標準語言文字所用的音，自然就是那時候的標準音了。大約那時候的人，除了懂得他本國的語言文字以外，還須懂得這種彼此通用的語言文字；彷彿現在的人，除了懂得他自己本地的方言以外，還須懂得官話一般。這種通用的語言文字大家既然都能懂得，則做到詩歌文章，自然大家就去用他了。既然用通用的語言文字作詩歌，自然國風所用的韻，彼此都能一致了。章炳麟先生對于國風用韻的彼此一致，有一段議論，現在把他引在下面，以備參考：

『或疑古韻不同於今韻；就古韻言，亦必有方音不同；何以十五國風韻皆一律？且古時未有韻書，而用韻皆能一致，此最不可解者。答曰：古無韻書，卽以官音爲韻書，今之官音。古稱「雅言」。論語云，「子所雅言」，詩，書，執禮，皆雅言也。雅言者，正言也。謂造次談論，或用方言；至於諷誦詩，書，臚傳典禮，則其言必一出於雅正。國風異於謠諺，據小序說，大半刺譏國政。此非田夫野老所可知也。其他里巷細情民俗雜事，雖設爲主客，託言士女，而其詞皆出於文人之手。觀於漢晉樂府，可以得其例矣。田夫野老，或用方音，而士大夫則無有不知雅言者。故十五國風不同，而其韻部皆同，亦猶今時戲曲，北平有京腔，山陝有梆子腔，安徽有徽調，湖北有漢調，四川有渝調，江西有弋陽調，雖各省方言彼此異撰，而戲曲則無不可以相通，大概皆以官音爲正。特其節奏有殊，感人亦異，此所以各成其腔調也。今之官音，豈有韻書規定？而演唱者皆能相合，則何疑於十五國風乎？』

按章氏這一段話，說得很有道理。不過他相信那僞毛亨序的話，以國風諸詩爲文人刺議國政之作；這話不可相信的。至於他引現在的戲曲用官音，以證國風諸詩用『雅言』，這實在是很精確的比喻，發前人之所未發。

3 周的標準音

那時候既然有標準語言文字，有標準音，這標準音就是論語所謂『雅言』；那麼，這『雅言』究竟是甚麽地方的音呢？原來就是周室的音。『雅言』這個『雅』字，本是『夏』字的假借。劉台拱的論語駢枝裏說道：

『雅之爲言夏也。孫卿榮辱篇云，「越人安越，楚人安楚，君子安雅，是非知能材性然也，是注錯習俗之節異也」。』

又儒效篇云『「居楚而楚，居越而越，居夏而夏，是天性也，積靡使然也」。然則雅夏古字通』。

張行孚的說文發疑裏說：

『雅知當爲夏者，按說文云，「夏，中國之人也。所謂中國者，以天下言之，則中原爲中國；以列國言之，則王都爲中國」。劉氏所謂「王都之音最正，故以雅名」……是也。』

據此所說，可知『雅言』本作『夏言』。『夏』指周室，則『夏言』就是周室的音。周室的音，在當時認爲最正的音，所以就是當時全國的標準音。

據了詩經中用韻的字，固然可以考見周音之大概。但是單據了這若干用韻的字來假定周音的韻部，實在很嫌不夠。此外還有一部漢許愼的說文解字，（簡稱說文）。這部說文，却是考證周秦古音極重要的書。說文有九千三百餘字。其中『形聲』字幾乎占了八千。這形聲字所從的『聲』，自來都稱他爲『聲母』。凡同從一個『聲母』的字在當時都是同音字。如：——

『江』，『扛』，『項』，『紅』，『貢』，……這些字同從『工』聲，即同讀一音。

『河』，『軻』，『哥』，『苛』，『阿』，……這些字同從『可』聲，也同讀一音。

這八千個形聲所用的聲母約有一千餘字，——就是那些『象形』，『指事』和『會意』字。象形，指事和會意字造在形聲字之前，後來造形聲字，就用他來作『聲母』，去表形聲字的音。若把這些聲母的古音，旁稽博考，求了出來，則說文九千餘字的古音，可以知道了。近代研究周秦古音的人，最初是顧炎武，其後是江永。顧氏作音學五書，江氏作古韻標準，對於周秦古音，單據韻文中用韻之字，還沒有想到形聲字的『聲母』。後來段玉裁著六書音韻表和說文解字注，戴震著聲類表，孔廣森著詩聲類，朱駿聲著說文通訓定聲，嚴可均著說文聲類，張成孫著說文諧聲譜，江有誥著諧聲類，錢大昕著古音類隔之說不可信及古無輕唇音（見十駕齋養新錄）王念孫的古音二十一部（見王引之經義述聞），章炳麟的小學略說，古音娘日二紐歸泥說及成均圖（見國故論衡）諸文，亦皆於古音聲韻有所發見。

近人黃侃承章氏之學，又加詳密的考證，知道古聲是十九，古韻是二十八。

古聲（十九）：——

1 深喉音一，——「影」；（深喉實即元音，但中國以反切上一字之關係，故歸入聲類）。

2 淺喉音五，——「見」「溪」「曉」「匣」「疑」；

3. 舌音五，——「端」「透」「定」「來」「泥」；

4. 齒音四，——「精」「清」「從」「心」；

5. 脣音四，——「幫」「滂」「並」「明」。

古韻（二十八）：——

1. 陰聲八，『歌戈』「灰」「齊」「模」「侯」「豪」「蕭」「咍」；

2. 陽聲十，『寒桓』「先」『痕魂』「青」「唐」「東」「冬」「登」「覃」「添」；

3. 入聲十，『曷末』「屑」「沒」「錫」「鐸」「屋」「沃」「德」「合」「怗」。

4 周音的紐韻

現在就以黃氏考定的十九紐和二十八韻爲假定之周音，和國音字母，發音學字母列爲對照表，如下：——

（周音紐目）	（國音聲母）	（發音學字母）
1. 邦	ㄅ	p
2. 滂	ㄆ	p'
3. 並		b,b'
4. 明	ㄇ	m
5. 端	ㄉ	t
6. 透	ㄊ	t'
7. 定		d,d'
8. 泥	ㄋ	n

9.	來	ㄌ	l
10.	精	ㄗ	ts
11.	清	ㄘ	ts'
12.	從		dz,dz'
13.	心	ㄙ	s
14.	見	ㄍ	k
15.	溪	ㄎ	k'
16.	疑	ㄫ	ŋ
17.	曉		h
18.	匣		ɦ
19.	影（元音）		

以上屬於紐目部

（周音韻目）	（國音韻母）	（發音學字母）
1. 侯	（ㄡ）	ɯ
2. 模	ㄨ	u
3. 歌戈	ㄛ，ㄨㄛ	o,uo
4. 豪	（ㄠ）	ɔ
5. 蕭		
6. 齊	ㄧ	i
7. 灰	（ㄟ），（ㄨㄟ）	e,ue
8. 咍	ㄞ	æ
（以上單純元音）		
9. 東		ɯŋ
10. 冬		

11. 唐　ㄤ　ɔŋ
12. 青　一ㄥ　iŋ
13. 登　æŋ
14. 痕魂　(ㄣ)，(ㄨㄣ)　en,uen
15. 寒桓　ㄢ，ㄨㄢ　æn,uæn
16. 先　一ㄢ　iɛn
17. 覃　æm
18. 添　iɛm

（以上附加帶鼻音的元音）

19. 屋　uk
20. 沃
21. 鐸　ɔk

22. 錫 ik

23. 德 æk

24. 沒 et,uet

25. 曷末 æt,uæt

26. 屑 iɛt

27. 合 æp

28. 怗 iɛp

（以上附加破裂音的元音）

以上屬於韻目部

附近三百年來考明周音的重要著作——現在選最精最要的幾種，把他的著者和書名錄在下面：——

1. 顧炎武：音論，易音，詩本音，唐韻正，古音表。（這五部書，又總稱爲音學五書）。

2. 江　永：古韻標準，四聲切韻表。（這部書雖是講廣韻的音，但和周音也很有關係）。

3. 戴　震：聲韻考，聲類表。

4. 段玉裁：六書音韻表，說文解字注。

5. 孔廣森：詩聲類。

6. 張惠言：說文諧聲譜。

7. 嚴可均：說文聲類。

8. 江有誥：諧聲表。

9. 朱駿聲：說文通訓定聲。

10. 錢大昕：沒有專書，有『舌音類隔之說不可信』及『古無輕脣音』兩篇文章，刻在十駕齋養新錄中，此外潛研堂集中有關于考求古音的問答若干條，都是很精當很重要的。

11. 王念孫：沒有專書，只有『古音二十一部』一篇文刻在他的兒子所著的經義述聞中。

12. 章炳麟：小學略說，古音娘日二紐歸泥說及成均圖。（見國故論衡）

第二講　兩漢時代的標準音

1　兩漢時代用韻的混雜

這時代的音，其眞相究竟如何，因近代文字學者，還沒有專門的研究和可徵信的假定，所以不能作明確的說明。在音韻沿革上看來，覺得很特別的。但看這一期韻文的用韻，便可以知道了。這一期的韻文，從司馬相如，揚雄，班固，張衡這班大文學家所作的詩賦，到無名氏所作的歌謠，他們的用韻，一律都是很混雜的。怎樣的混雜呢？周秦時代的韻部，雖然是近代人所假定的，但都根據詩經，楚辭，諸子的用韻和說文中的形聲字來編定。覺得這韻和那韻，的確是界畫分明，不能相混。到了漢人的韻文，就不然了；往往有周秦分爲數韻的，都把他通押起來。所以說，那時的用韻很混雜。

這時期韻文用韻混雜的原因，據近代學者的推測，大概有二種原因：——

A 字形由籀篆省爲隸草，『諧聲』字的「聲」漸不可知，致詩人賦家不能望字而審韻，失其用韻的標準。

B春秋以前，周爲共主，出言操觚，一以『雅言』爲本。

但是有人要說，『聲音的分合本來沒有甚麼是非可言。古合者今分，古分者今合，這種變遷本是常事，不能說他是混雜』。這話固然不差。不過我覺得兩漢的混雜，並不是那時的標準音如此。因爲各摻土風，以至混雜的。土風也有土風的條理，何至於就混雜無紀呢？我想這是有一個緣故：

例如甲方土音，把子丑兩韻混合了，寅卯兩韻則仍分用；乙方土音，對于子丑兩韻還是分用，而寅卯兩韻却混合了；那麽，甲方的人用土音作韻文，把子丑兩韻合用，乙方的人用土音作韻文，又把寅卯兩韻合用，丙看了甲把子丑兩韻合用乙把寅卯兩韻合用，他於是就把甲乙兩人合用的都合用了。這不是本來分四韻的，就混合爲兩韻嗎？假如再有某處地方的土音，把子丑或子寅或丑卯兩韻合用了，就可以有人把子丑寅卯四韻合用。混雜的原故，我以爲是這樣的。所以到了魏晉以後，有了韻書，把這些混合的韻，『分別部居，不相雜厠』仍和周秦的韻相去不遠。

2　兩漢時代沒有標準音

何以兩漢時候沒有標準音呢？我想這是戰國以來取消周朝標準音的原故。周朝的標準音，就是所謂『雅言』。雅言就是周室的音，這是上面已經說過的。從春秋以前，列國承認周室為共主，自然各國都以雅言為標準音。可是到了戰國時代就不然了；周室作共主的資格取消了，雅言作標準音的資格也取消了。說文序中說：

『其後，（指孔子死了以後）諸侯力征，不統於王，惡禮樂之害己而皆去其典籍，分為七國。……

……言語異聲，文字異形』。

這所謂『言語異聲，文字異形』，決不是他們硬把『雅言』來改變，是大家不承認雅言為標準音了。七國都是自己稱王，就是認自己是天子，所以各國都認他們自己原來的方音為標準音。七個大國，方音就有七種。其餘如宋，衞，中山這些小國，自然也是各有方音。既無雅言為標準，自然全國都是用方音了。到了秦始皇兼并天下，『書同文字』，『罷其不與秦文合者』；那麼，語音自然也是以秦音為標準了。可是秦朝年代很短，雖然厲行統一的政策，大概未必有多大的効果。漢與以後，既不願推行秦音，又勢不能恢復周音，惟有任其自然，不加統一。在周朝的時候，本來各國都有方音。有了標準音，方音還不能消滅；而況又經戰國時代大家把方音暢用一番，則漢朝自然還是沿用了。政府方面既任其自然，不加統一；民間還沒有人作韻書來審定字音。在這種『青黃不接』的時候，韻部混雜，自是意中事。

第三講　魏晉六朝的標準音

1　魏晉六朝的韻書

這一期的音，却比兩漢時代要有條理，因爲當時已有『韻書』的產生。中國韻書的第一部著作，當推：——

魏李登的聲類。

後來又有：——

晉呂靜的韻集；

南齊周顒的四聲切韻。

此外見於陸法言切韻序和隋書經籍志的，還有段宏的韻集，李概的音譜，周研的聲韻，夏侯詠的四聲韻略，楊休之的韻略，杜臺卿的韻略，潘徽的韻纂……等書，可見當時研究韻部者之盛。但是這些韻書，現在都已亡佚，所以他的內容如何，苦不得明確的斷定。

這期韻書的分韻分紐，究竟和第四期的廣韻諸書怎樣的不同，現在固然無從斷定。但也不是絕無可考的；因為這一期的詩，現在存留的還很多，只要有人把這些詩中用韻的字，照顧炎武段玉裁他們考詩經的韻的方法排比起來，假定為若干韻部，這不是不可能的事。還有唐初陸德明的經典釋文，其中采取這一期的人所作的反切，又是非常之多。如能把他采輯出來，和廣韻反切參證，則這期的音，必可發明許多。

這期韻部的特點，如『四聲說』的產生。『四聲』，就是「平」，「上」，「去」，「入」。周秦的古音，只有平入二聲；詩易楚辭的用韻，可以證明的。所以『四聲』備具，實在魏晉之間。

魏李登撰聲類，分為：——

「宮」「商」「角」「徵」「羽」五卷；所謂「宮」「商」「角」「徵」「羽」者，就是「平」「平」「入」「上」「去」的借字，（羽，讀王遇切，見廣韻遇韻。）因為當時沒有『平上去入』的名，所以假五音以名之；平聲分為兩個，是因字多的緣故。

到後來有人說『四聲』，是從南齊沈約所發見，這話未必可靠。『四聲』在最初的時候，界限不很嚴密；所以到晉宋的文辭，還是去入二聲時相通用。再到齊梁之世，辨別才覺精密。齊書陸厥傳說：

> 沈約，謝朓，王融等以『四聲』制韻，不可增減，世稱『永明體』。

唐封演聞見記說：

> 沈約撰四聲譜，遠近文學轉相祖述，於是聲韻的道理，很是盛行。都可爲『四聲』到齊梁始嚴之證。

自是以後，切韻，廣韻，沿用不替；迄於今日，注音字母公布之後，不過加以修正，還不能完全廢除呢。

至於『反切』的方法，也是從這一期開始。所謂『反切』的意思，就是指合二字爲一字的音而言，又可以補救『直音』的不足。因爲古人所用的音書只講『讀若某』，『讀與某同』；如果遇到沒有同音的字，或者雖然有同音的字而隱僻難識，則其法以窮。

魏孫炎撰爾雅音義，始創爲『反語』，以二字爲一字的音，而其用始廣。按『反切』的創始者，顏氏家訓音訓篇，經典釋文序錄和史記正義論例都說是孫炎。但是根據顧炎武音論上說，『反切』是從漢朝以上的時候已經就有，又近代章炳麟先生說，東漢應劭就已經用『反語』；則『反切』

是否始於孫炎，實一疑問。家訓云：

『漢末人獨知反語，至於魏世，此事大行』。

這說可謂持平之言。

2　韻書定音的標準

這一期的韻書，是用當時的首都的音作標準的。但這期的中國，分作好幾個國：起初是魏，蜀，吳，三國鼎立；中間是晉朝和十六國各佔一方；後來就是南北朝對峙。當時的百姓，生在那國，就認那國爲正統。作韻書的人，就拿他所生在國的首都的音定爲標準音了。但是首都的音，其價值本來和各處的方音沒有甚麼高下。要是遇到那些過於俚俗，不能行遠的音，就不能完全依用，總得把各處的方音兼取幾分。所以北齊顏之推家訓的音辭篇裏說：

『高貴鄉公不解「反語」，以爲怪異。自茲厥後，音韻鋒出。各有土風，遞相非笑。共以帝王都邑參救方俗，考覈古今，爲之折衷』。

照這段話看來，可以知道這一期的韻書，確實是用當時的首都的音作標準的。

第四講　隋唐宋的標準音

這一講，是說明隋唐宋時代的標準音，現在把他分作『聲類』『韻部』和『韻攝』三部分來講。

1　聲類

到了唐朝末年有一個和尚，名叫守溫，他把許多反切的上一字歸併爲三十六類，每類各借本類中一字以爲標目，仿印度字母的次序排列，作三十六字母圖一卷。這是中國第一部講『聲類』的書。這部書的名目，載在王應麟的玉海裏。原書是已經亡佚了。

本編所用，係根據淸江永的音學辨微和四聲切韻表。因爲江氏對於審音之事，甚爲精密，他又是極端尊信三十六字母的人，所以用他所定的。這三十六個字母，前人又總括之爲七音。七音又分爲十類。現在把字母的標目，次序，和七音的分法，列在下面：——

A　見溪羣疑……………………牙音
B　端透定泥……………………舌頭音
C　知徹澄娘……………………舌上音
D　邦滂並明……………………重脣音
E　非敷奉微……………………輕脣音
F　精清從心邪…………………齒頭音
G　照穿牀審禪…………………正齒音
H　曉匣影喻……………………喉音
I　來……………………………半舌音
J　日……………………………半齒音

但是守溫的三十六個字母，只可做研究晚唐聲類的重要參考物，而以上究隋之切韻，下審宋之廣韻，均有未合。據清陳澧切韻考及近人張煊之研究，我們知道切韻僅有三十三聲類，而廣韻加多爲四十一。其中分合多寡的原因，我們今日還不敢臆測，不過可假定隋世的聲類爲三十三，晚唐爲三十六，宋初爲四十一。這三十三紐與三十六紐，都包括在四十一紐之中，現在以四十一紐爲主（次序依音類排列，不用守溫之次）而與三十三紐三十六紐列爲異同表，并取國音聲母發音學字母，對照如下：——

	（廣韻41紐）	（切韻33紐）	（守溫36字母）	（國音聲母）	（發音學字母）
雙脣阻	邦	邦	邦	ㄅ	p
	滂	滂	滂	ㄆ	p'
	並	並	並		b,b'
	明	明	明	ㄇ	m
脣齒阻	非		非		(pf)
	敷		敷		(pf')
	奉		奉		(bv,bv')

	微		微		ɱ
舌尖阻	端	端	端	ㄉ	t
	透	透	透	ㄊ	t'
	定	定	定		d,d'
	泥	泥	泥	ㄋ	n
	來	來	來	ㄌ	l
舌上阻	知		知		t
	徹		徹		t
	澄		澄		d,d'
	娘		娘		n
	照	照	照	ㄓ	tʃ
	穿	穿	穿	ㄔ	tʃ

舌葉阻	神	神	牀		dʒ,dʒ'
	審	審	審	ㄕ	ʃ
	禪	禪	禪		ʒ
	日	日	日	ㄖ	r
齒背阻	莊	莊			
	初	初			
	牀	牀			
	山	山			
齒尖阻	精	精	精	ㄗ	ts
	清	清	清	ㄘ	ts'
	從	從	從		dz,dz'
	心	心	心	ㄙ	s

類	字母			符號	音值
	邪	邪	邪		z
舌前阻	喻	喻	喻	으	j
	于	于		의	ɥ
舌根阻	見	見	見	ㄍ	k
	溪	溪	溪	ㄎ	k
	羣	羣	羣		g,g'
	疑	疑	疑	ㄫ	ŋ
聲門阻	曉	曉	曉		h
	匣	匣	匣		h
	影	影	影	（元音）	（元音）

這時代有有聲僕音的音紐，元明以來，聲音漸變，惟平聲有有聲僕音，於是就把這有聲僕音的音紐取消了；併入無聲僕音之內，稱爲『陽平』（詳附聲韻和反切）這是兩時代的音紐大不相

同之點。無聲僕音舊稱清音，有聲僕音舊稱濁音。三十六字母，那幾個是無聲僕音，那幾個是有聲僕音呢？據清江永說：——

見溪（清）	羣疑（濁）
端透（清）	定泥（濁）
知徹（清）	澄娘（濁）
邦滂（清）	並明（濁）
非敷（清）	奉微（濁）
精清心（清）	從邪（濁）
照穿審（清）	牀禪（濁）
曉影（清）	匣喻（濁）
	來、日（皆濁）

現在把這四十一紐和國音聲母不同之點，說明如下；這時代有有聲僕音的音紐，上文已經說過了。可是這類有聲僕音在破裂音中，都是一紐兩讀，一讀出聲之音，一讀送氣之音；大概南音讀出聲音，北音讀送氣音；並奉定澄禪牀從羣八紐，除奉澄牀三紐現在因爲『輕脣』『舌上』和『齒背』三阻的音有變遷外，其他五紐南音讀爲「ㄅ'」「ㄉ'」「ㄓ'」「ㄗ'」「ㄍ'」，即發音學字母之 b d dʒ dz g 北音讀爲「ㄆ'」「ㄊ'」「ㄔ'」「ㄘ'」「ㄎ'」，發音學中無此類之字母，然依無聲僕音出聲之ㄅ作 p 送氣之ㄆ作 p' 之例，自可作 b' d' dʒ' dz' g'。就音理言之，破裂音在無聲僕音中既有『出聲』和『送氣』的分別，則有聲僕音也該有這兩類的分別。無聲和有聲各有出聲和送氣的分別，是每阻的破裂音當有四音，不過在應用上，這四音或全用，或用其三，或用其二，古今中外，彼此互有不同，試就舌尖阻（即舌頭音）之破裂音言之，當有：——

（出）	（送）	
ㄉ	ㄊ	——無聲
ㄉ'	ㄊ'	——有聲

四音。此四音，惟印度語全用。印度語中這四個音，若用羅馬字母拼之，則爲——

（出）	（送）	
ta	tha	無聲
da	dha	有聲

英德法語，只用其二，無聲的用送氣音，有聲的用出聲音，即：——

（出）	（送）	
o	t	無聲
d	o	有聲

不過也有時候把t母讀爲出聲音，日本語也只用其二，即：——

（出）	（送）	
o	タ	無聲
タ	o	有聲

ㄊ母有時也讀爲出聲音。

中國語于四音之中，南北各用其三，若互相補苴，則四音可以全備，卽：——

（出）　　（送）

端　　透——無聲

定（南音）　定（北音）——有聲

守溫字母本仿印度字母而製成，這個『定』母，在印度有 da dha 兩母，卽中國則南音有 da 無 dha 北音有 dha 無 da，因此，就單製一『定』紐，以包括南北之 da dha 兩音。所以李光地說：『定北方爲透濁聲，南方爲端濁聲』。上文舉舌尖阻爲例，其他各阻可以類推。

李光地以後，近人勞乃宣氏和章炳麟先生對于這兩個無聲僕音和一個有聲僕音之相配，也主此說，現在把勞章兩氏之意見，錄在下面：

勞氏說：

古母以戛類之淸爲純淸，透類之淸爲次淸，而濁母則無純次之別；以一濁母對兩淸母，見溪與羣，端透與定，知徹與澄，照穿與牀，精清與從，邦滂與並；皆是也。以今方音考之，北方于此數濁母平聲皆讀從透類，上入則讀從戛類，如『羣』讀透，『郡』讀戛，『牀』讀透，『狀』讀戛之類，南方則平上去入全讀戛類，如『羣』『郡』『牀』『狀』皆讀戛之類，而有數處，如江蘇之泰州如皐等處，及江西皖南數郡邑，則平上去入全讀透類如『羣』『郡』『牀』『狀』皆讀透之類，是此數濁母既可讀戛，又可讀透也，故古母以一濁對兩清。

章氏說：

自來言字母者，皆以羣為溪之濁，定為透之濁，而見端無濁音，返觀梵文五字為行，二清二濁，一為收聲，而中土獨二清一濁一收，何以不相比類；蓋『羣』『定』等字，揚氣呼之，為溪透之濁，抑氣呼之，為見端之濁，今北音多揚，南音多抑，又北音平去亦有抑揚之異，如呼『羣』皆揚如溪之濁，呼『郡』則抑氣如見矣。呼亭皆揚如透之濁，呼『定』則抑氣如端矣，同此一母，而平去異貫，則知曩日作字母者，本以羣承見溪，定承端透，非謂羣專為溪之濁，定專為透之濁。

，江永和陳澧都把羣定諸紐，專承溪透諸紐，以爲見端諸紐沒有有聲僕音，其說偏主北音，實不及李勞章諸氏之閎通，所以本編不取江陳之說。

2　韻部

這裏所講的，就是隋唐宋時代的標準韻部。切韻和唐韻都已亡佚，似乎隋唐宋時代的標準韻部也是無從考見了。但是宋朝的廣韻，是根據切韻唐韻的，他那二百〇六韵，縱使不能斷定完全是陸法言和孫愐的舊面目，但是相差必不甚遠，可一認他爲隋唐宋時代的標準韵部。

這期有四部最有名的韻書，就是：——

隋陸法言的切韻，

唐孫愐的唐韻，

宋陳彭年等的廣韻，

宋丁度等的集韻。

這四部韻書，後面三部，都是切韻的變相，可以併作一起論。現在只剩了廣韻和集韻了。所以現存的韻書，以廣韻爲最古。

現在把廣韻的韻目和國音韻母，發音學字母，列爲對照表如下：——

廣韻韻目				國音韻母	發音學字母	
（平）	（上）	（去）	（入）		（平）	（入）
1東	1董	1送	1屋		ɯŋiɯŋ	ɯk, iɯk
2冬	○	2宋	2沃		ɯŋ	ɯk
3鍾	2腫	3用	3燭		iɯŋ	iɯk
4江	3講	4絳	4覺	（ㄨ，ㄤ）	uɔŋ	uɔk
5支	4紙	5寘		ㄧ，ㄩ	i, y	
6脂	5旨	6至		ㄧ，ㄩ	iy	
7之	6止	7志		ㄧ	i	
8微	7尾	8未		ㄧ，ㄩ	i, y	
9魚	8語	9御		ㄩ	y	

10虞	9麌	10遇		ㄩ	y	
11模	10姥	11暮		ㄨ	u	
12齊	11薺	12霽		ㄧ'ㄩ	i, y	
		13祭		ㄧㄩ	iy	
		14泰		(ㄞ)(ㄨㄞ)	æ, uɜ	
13佳	1蟹	15卦		(ㄞ)(ㄨㄞ)	æ, uæ	
14皆	13駭	16怪		(ㄞ)(ㄨ'ㄞ)	æ, uæ	
		17夬		(ㄞ)(ㄨㄞ)	æ, næ	
15灰	14賄	18隊		(ㄨ'ㄟ)	ue	
16咍	15海	19代		(ㄞ)	æ	
		20廢		ㄧ'ㄩ	i, y	
17眞	16軫	21震	5質	ㄧㄣ' ㄩㄣ	in, yn	it, yt
18諄	17準	22稕	6術	ㄩㄣ	yn	yt
19臻	○	○	7櫛	(ㄣ)	en	et

20文	18吻	23問	8物	ㄩㄣ	yn	yt
21殷	19隱	24焮	9迄	ㄧㄣ	in	it
22元	20阮	25願	10月	ㄧㄢ, ㄩㄢ	iɛn,yɛn	iɛt,yɛt
23魂	21混	26慁	11沒	(ㄨㄣ)	uen	uet
24痕	22很	27恨	○	(ㄣ)	en	et
25寒	23旱	28翰	12曷	ㄢ	æn	æt
26桓	24緩	29換	13末	ㄨㄢ	uæn	uæt
27刪	25潸	30諫	14黠	ㄢ, ㄨㄢ	æn, uæn	æt, uæt
28山(以上上平)	26產	31襉	15鎋	ㄢ, ㄨㄢ	æn, uæn	æt, uæt
1先	27銑	32霰	16屑	ㄧㄢ, ㄩㄢ	ɛn, yɛn	iɛt, yɛt
2仙	28獮	33線	17薛	ㄧㄢ, ㄩㄢ	iɛn, yɛn	iɛt, yɛt
3蕭	29篠	34嘯		(ㄧㄠ)	iɔ	
4宵	30小	35笑		(ㄧㄠ)	iɔ	
5肴	31巧	36效		(ㄠ)	ɔ	

6 豪	32 皓	37 號		(ㄠ)	ɔ	
7 歌	33 哿	38 箇		ㄛ	o	
8 戈	34 果	39 過		ㄨㄛ, ㄧㄛ, ㄩㄛ	uo, io, yo	
9 麻	35 馬	40 禡		ㄚ, ㄧㄚ, ㄨㄚ	a, ia, ua	
10 陽	36 養	41 漾	18 藥	(ㄧㄤ) (ㄩㄤ)	iɔŋ yɔŋ	iɔk, yɔk
11 唐	37 蕩	42 宕	19 鐸	(ㄤ) (ㄨㄤ)	ɔŋ, uɔŋ	ɔk, uɔk
12 庚	38 梗	43 映	20 陌	(ㄥ) ㄧㄥ, (ㄨㄥ), (ㄩㄥ)	eŋ, iŋ, ueŋ, yŋ	ek, ik, uek, yk
13 耕	39 耿	44 諍	21 陵	(ㄥ) (ㄨㄥ)	eŋ, ueŋ	ek, uek
14 清	40 靜	45 勁	22 昔	ㄧㄥ, (ㄩㄥ)	iŋ, yŋ	ik, yk
15 青	41 迥	46 徑	23 錫	ㄧㄥ, (ㄩㄥ)	iŋ, yŋ	ik, yk
16 蒸	42 拯	47 證	24 職	ㄧㄥ	iŋ	ik, yk
17 登	43 等	48 嶝	25 德		æŋ, uæŋ	æk, uæk
18 尤	44 有	49 宥		(ㄧㄡ)	iɯ	
19 侯	45 厚	50 候		(ㄡ)	ɯ	

20幽	46黝	51幼		(ㄧㄡ)	iɯ	
21侵	47寑	52沁	26緝		im	iP
22覃	48感	53勘	27合		æm	æP
23談	49敢	54闞	28盍		æm	æP
24鹽	50琰	55豔	29葉		iɛ̯m	iɛ̯P
25添	51忝	56㮇	30帖		iɛ̯m	iɛ̯P
26咸	52豏	57陷	31洽		æm	æP
27銜	53檻	58鑑	32狎		æm	æP
28嚴	54儼	59釅	33業		iɛ̯m	iɛ̯P
29凡（以上下平）	55范	60梵	34乏		iɛ̯m	iɛ̯P

平聲有五十七韻，何以上聲只有五十五韻呢？因爲冬韻的上聲只有『湩』，『䳇』，『昽』三字，附在鍾韻上聲的腫韻裏。臻韻的上聲只有『𧊋』『亲』『齔』三字，附在殷韻上聲的隱韻裏，所以少了兩韻，其實還是五十七韻；去聲比平聲少了一韻，多了四韻，臻韻沒有去聲的字，這是少了

的一韻；祭泰夬廢四韻只有去聲字，這是多了的四韻；所以去聲共有六十韻，若把平上去三聲合併計算，則爲六十一韻。

這六十一韻之中，單純元音凡二十六韻（廣韻中除齊合撮三呼以外，沒有複合元音，說詳下）。附聲的元音凡三十五韻，廣韻的入聲，都是附聲的元音之短促者 —— 把所附的聲由帶鼻音的「兀」「ㄋ」「ㄇ」變爲破裂音的「ㄎ」「ㄊ」「ㄆ」——所以都屬于附聲的元音之下，附聲的元音有三十五韻，何以入聲只有三十四韻呢？因爲痕恨韻的入聲只有『麧』『籺』『齕』『紇』『淈』五字，附在魂混慁韻的入聲沒韻裏，所以少了一韻。

現在把廣韻和國音韻母不同之點說明如下：——

（ㄅ）國音韵母中四個複合元音——ㄞㄟㄠㄡ

在廣韻時都是單純元音，後來漸漸轉變成爲複合元音，現在把他一一分別說明：

「ㄞ」本讀 æ，「ㄟ」本讀 e，æ 是舌前部下降的元音；e 是舌前部半升的元音。若讀 æ e 兩音之時，把舌前部慢慢的上升，使口漸閉，便變爲 æi 和 ei 兩個複合元音了（i 是舌前部

上升的元音）

「ㄠ」本讀ɔ。ɔ是舌後部下降的元音，若讀ɔ音之時，把舌後部慢慢的上升，使口漸閉，脣漸圓，（讀舌後部之音至于口閉，則脣必漸圓此乃自然之趨勢）便變爲ɔu這個複合元音了（u是舌後部上升的元音）。

「ㄡ」本讀ɯ。ɯ是舌後部上升的元音，發音之時舌的部位和升降，與u（ㄨ）全同。其不同之點，就是讀u音則脣要圓，讀ɯ音則脣不圓，和i,y（ㄧㄩ）兩母的分別是一樣的。讀這個元音的時候，若圓其脣，即成u音，所以現在有些地方讀『浮』爲『ㄈㄨ』，讀『喉嚨』爲『胡嚨』其不混侯（ɯ）模（u）兩韻爲一者，則又將侯韻變其音讀，即讀侯韻時將舌後部微降，讀成o音（o爲舌後部半升的元音）再慢慢的上升，使口漸閉，脣漸圓，便變爲ou這個複合元音了。現在有些地方讀舌後部之o。往往與舌央部之ə相混，所以國音韻母之「ㄡ」也可以讀成əu音。

廣韻把一個元音分成好幾韻的，除了有平仄和等呼的分別以外，還有許多韻部，彼此讀法完全相同。這分爲數韻的緣故，章炳麟先生音理論中，有幾句話說得很爲簡明，其言曰：——

『廣韻所包，兼有古今方國之音，非並時同地得有聲勢。（按聲勢卽元音）二百〇六種也』。

其下有自注云：

『且如東冬于古有別，故廣韻兩分之，在當時固無異讀，是以李涪刊誤以爲不須區別也。支脂之三韻惟之韻無合口音，而支脂開合相間，必分爲二者，亦以古韻不同，非必唐音有異也。若夫東鍾陽唐清青之辨，蓋由方國殊音，甲方作甲音者，乙方則作乙音，乙方作甲音者，甲方或又作乙音本無定分，故殊之以存方語耳』。

這幾句話，說得很有道理，至于那些韻是古今之殊，那些韻是方國之異，這是要專門去研究，才能考定，不是可以隨意武斷的了。

3　韻攝

廣韻對于一個元音，因爲有平仄等呼之異，和古今方國之殊，所以把他分成許多韻，這樣的分別，在考古方面，確乎有很大的用處，但是若爲審音計，那就應該把元音相同的韻部歸併爲若干韻攝，才能使人明瞭。

第一部韻攝的書，是宋楊中修的切韻指掌圖，可是楊氏此書，經元明人的搗亂，現在所傳的，絕非其本來面目；所以不足依據，楊書以外，比較最古講韻攝的書，是元劉鑑的切韻指南，這切韻指南，和明朝人的字母切韻要法，雖同爲講韻攝之書，而所根據的音，却大不相同，切韻指南是根據廣韻韻部歸併的，字母切韻要法是根據當時的普通音排列的。所以我們現在若要說明廣韻的元音，應該參攷切韻指南，若要溯國音韻母的來歷，應該參攷字母切韻要法。

今人勞乃宣氏著等韻一得，他所定的韻攝，算是兼該古今之音的，也可以拿來參攷廣韻中的元音。

劉氏定韻攝爲十六，勞氏定韻攝爲十三，現在都把他列在下面，並取廣韻平聲韻目（舉平以該上去入）對照之；

A 劉氏十六攝——

1 通：東，冬，鍾。

2 江：江。
3 止：支，脂，之，微，齊。
4 遇：魚，虞，模。
5 蟹：佳，皆，灰，咍。
6 臻：真，諄，臻，文，殷，魂，痕。
7 山：元，寒，桓，删，山，先，仙。
8 效：蕭，宵，肴，豪。
9 果：歌，戈。
10 假：麻。
11 宕：陽，唐，
12 曾：蒸，登。
13 梗：庚，耕，清，青。

14 流：尤，侯，幽。

15 深：侵。

16 咸：覃，談，鹽，添，咸，銜，嚴，凡。

B

|勞氏十三攝：——

1 餩師：支，脂，之，微，齊，魚，虞，模。

2 阿：麻。

3 婀：歌，戈。

4 埃：佳，皆，咍。

5 婀額：灰。

6 鏖：蕭，宵，肴，豪。

7 歐：尤，侯，幽。

8 映：江，陽，唐。

9 鞥：庚，耕，清，青，蒸，登，東，冬，鍾。
10 安：元，寒，桓，刪，山，先，仙。
11 恩：眞，諄，臻，文，殷，魂，痕。
12 諳：覃，談，鹽，添，咸，銜，嚴，凡。
13 絅音：侵。

（注）勞氏所定攝名及次序，近來他又著等韻一得補編，略有變更，這裏所列的，都是補編。

看劉勞二氏所定的韻攝，似乎和廣韻都不能十分密合，現在把二氏和廣韻所不同之點，分列如下：

A 劉氏的異點：——

a 把江與陽唐分爲二攝——這他是考古之疎，廣韻江韻的字，在周秦時候本是東韻中一部分的字，後來這一部分的字的音，由 mŋ 轉爲 oŋ 讀成陽唐韻之音，廣韻爲區分古今音計，所以別立江韻，並非江與陽唐有異讀也。劉氏大概是因爲唐宋時候，江與陽唐不通韻，遂疑心音讀有不同，其實唐宋時候的通用與否，——就是許敬宗和賈昌朝所定的，——在音理上是毫無理由可說的，（參攷上文）不足爲據，晚周有韻之文已有拿東韻字和唐韻字通押的，可以證明江韻實係東韻變爲陽唐之一韻，其元音和陽唐相同，不當如劉氏分爲江宕兩攝。

b把佳皆咍與灰合爲一個蟹攝，這更是他的大錯，大約他因爲唐宋時候咍灰兩韻通用，故有此誤。

c把元仙先與寒桓刪山合爲一個山攝，也有些不對。這七韻，直到中原音韻和洪武正韻，還是把他分爲兩韻；現代的普通音，還是把元先仙讀 iɛn yɛn，寒桓刪山讀 æn uæn。更考之周秦古音，寒桓與先也分爲兩韻，並不通押。這都可以證明廣韻中這七韻，不是一個元音，不當合爲一攝，鹽添嚴凡與覃談鹽添八韻，劉氏合爲一個咸攝，這也是應該分爲二攝的，其理由與此相同。

d魚虞與模，雖韻中之字古合爲一，而就等呼方面說，又以模爲合口，魚虞爲撮口。然韻攝本爲審音與考古無涉，四等之配合，只是一種習慣，不能和音理牽合爲一，所以若專講元音，則劉氏的遇攝，實當分爲二攝。

B　勞氏的異點：——

勞氏的十三攝，分佳皆咍與灰爲垓攝和絅額攝，合江陽唐爲映攝，這都是優于劉氏的地方，其安攝和諳攝所列，則與劉氏同誤；此外尚有二誤，卽——

a 把支脂之微齊與魚虞與模合爲一攝，魚虞與模不當合爲一攝，已詳上文。勞氏把開齊合撮四呼看得太重，因此，連表齊合撮三呼的ㄧㄨㄩ三個元音也把他合爲一撮，又把支脂諸韻中讀「ㄓ」音諸字，作爲開口呼。于是把「ㄓ」「ㄧ」「ㄨ」「ㄩ」四個元音合成一個『餩師』攝，——這個『餩師』二字之合音就是「ㄓ」——這樣的配合法，以前只有字母切韻要法的械攝和他相像，但四等的配合在音理上是沒有甚麼理由可說的，所以把四等配成一攝，認爲一個元音的變相，是很不對的。

b 庚耕清青蒸和登，其元音本有 eŋ 和 æŋ 之不同。在元明以前，都是分用，後來漸漸合登于庚耕，所以中原音韻裏，就把這六韻合爲『庚青』一韻了。可是周氏書中『庚青』和『東鐘』，還是分爲二韻，後來又因爲庚韻的合口呼由 ueŋ 變爲 uəŋ 再讀快些，uəŋ 又變爲 uŋ

東韻由本音之 ɯŋ 圓其唇而讀之，也變爲 uŋ。于是從字母切韻要法起，就把庚耕清青蒸登東冬鐘九韻合爲一個庚攝。現代國音，即沿此法。但這是元明以後的變遷，不可拿來講韻的。大抵勞氏的毛病，由於篤信字母切韻要法，以爲其書可以貫通古今之音，所以皈師攝和鞥攝就依據械攝和庚攝韻。

C 最近據王璞先生所說：『我現在參酌劉勞兩氏之韻攝，假定廣韻的元音爲十九攝，其中單純元音九攝，附聲的元音十攝，每攝都取廣韻平聲韻目對照。祭泰夬廢四個去聲韻，沒有平上，所以也把他列入附聲的元音之下，并將入聲各韻附列對照。（若因附聲的元音之中平上去三聲附帶鼻音，入聲附破裂音，要把他分別，那麼入聲也可別十攝爲二十九攝）。茲列如下：——

1 ɯ 尤侯幽
2 u 模
3 o 歌戈

單純元音

4 ɔ 蕭宵肴豪
5 a 麻
6 i 支脂之微齊祭廢
7 y 魚虞
8 e 灰
9 æ 佳皆咍泰夬

附聲的元音

附兀

10 uŋ 東冬鍾（屋沃燭）
11 ɔŋ 江陽唐（覺藥鐸）
12 eŋ 庚耕清青蒸（陌麥昔錫職）
13 æŋ 登（德）

附

14 en 眞諄臻文殷魂痕（質術櫛物迄沒）
15 æn 寒桓刪山（曷末黠鎋）

音

ㄚ

16 iɛn 元先仙（月屑薛）

附

17 im 侵（緝）

18 æm 覃談咸銜（合盍洽狎）

ㄧ

19 iɛm 鹽添嚴凡（葉帖業乏）

（以上為王璞先生所定之十九攝）

第五講　元明淸三代的標準音

這期的標準音，與隋唐宋時代的音大不相同。你想，切韻這部書，是作南北初混一的隋朝？歷經唐，宋兩代七百年間，政治有改變，文學有革新，那麼，這標準音自然也發生變遷了。怎樣的變遷呢？就是把隋唐以來兼采南北的標準音變爲偏重北音的標準音了。現在把他分開講一講：

A　政治的改變——自從石敬瑭割讓燕雲十六州給契丹以後，直到蒙古可汗統一中國，這三百餘年間外族的勢力，一天一天的強盛，起初是割地中間是分了半個國家去，最後竟滅了中國，進來作中國的皇帝了。這割讓的，都是北方的土地；元朝的首都，就是現在的北平。外族對于中國能由侵略土地而到了佔領全國，則勢力的雄偉，自不待言。當時中國的百姓，震於他們『長驅直入』之勢，俯首投降，又作他們的官吏，則語言的聲音，自然就跟着他們改變了。他們的首都，就是他們的勢力的中心點。首都的語音，就是他們的官話。漢人仕於其朝者，自以能講官話爲榮。歸鄉以後，再把官話來誇耀鄉里；鄉里的人『情鍾勢耀』，彼此學習官話；這都是意中所有的事。因為這麼一來，首都的官話的音自然漸漸的成為標準音了。

B 文學的革新——陸法言作切韻，其用意在乎審定聲音，並非為作詩者押韻之用。他的序說裏說，『欲廣文路，自可清濁皆通；若賞知音，卽須輕重有異。』因此他所分的二百〇六韻，其中有若干韻列字甚少。唐朝以詩賦取士，拿切韻作為『詩韻』用，就不得不把那些字少的韻和別的韻合用，以便押韻了。那主張把切韻裏若干韻合用的人，唐朝有個許敬宗，宋朝有個賈昌朝。二百〇六韻，經許賈兩人的合併，實際上只有一百〇七韻了。南宋末年，有個劉淵，他把這合用的各韻，老老實實併合為一百〇七韻。元朝又有個陰時夫，他把一百〇七韻中又併了一韻，成為一百〇六韻。均詳第四講，這一百〇七韻的合用，全是鹵莽滅裂歸併的，儘有母音同的韻不合用，母音異的韻反合用的；於音理上和自然的語音上都說不過去，只有那些愛作律詩和絕句的人，遵用他便了。宋朝的詞，是當時的新文學。因為其中多用當時的活語言，並且還要合入樂器的原故，就不能用這種不合音理不合自然語音的韻了。所以詞的用韻，別有一種面目，和那一百〇七韻的固然不同，就是和切韻也不相同，大概是依着當時的語音用韻的。據此看來，可見宋朝的音已經和切韻不盡符合了。到了元朝，北曲大與。作北曲的人，幾乎都是北方人。曲中文句，都是用北方的語言作的，則押韻的字，當然是純粹用北音，決無再守切韻以來的韻之理。後來北曲作得多了，周德清據了來作中原音韻。於是元朝的新韻書就出現了。

元明清三代的標準音，實爲國音字母之所從出。這裏先把元明清時代幾部重要韻書列舉出來：

a 關于韻的一部的，可以拿——

周德清的中原音韻，

樂韶鳳等的洪武正韻，

字母切韻要法（不知作者姓名），

樊騰鳳的五方元音四部書去代表他。

b 關於紐的一部分的，可以拿——

蘭廷秀的韻略易通中的二十母，
樊騰鳳的五方元音中的二十母，去代表他。

這時代的標準音，現在把他分作『中原音韻』『洪武正韻』『字母切韻要法』『五方元音』等四部分來講。

1 中原音韻

中原音韻，是切韻以後一部很有革新和創造精神的韻書。自從陸法言著切韻以後，孫愐的唐韻，陳彭年等的廣韻，丁度等的集韻，算是最有名的韻書那一部能够跳出切韻範圍之外一步？至于那劉淵的平水韻更不足道了。時代隔得久遠，聲音漸漸變遷，這是可以斷定的。隋唐宋三朝，聲音必有變遷，不過因爲那時的文人富於好古心，分明覺得嘴上說的聲音和韻書不同，却不肯改韻書來合嘴，偏要保持舊韻書中已死的古音，還要排斥活人嘴裏的音，說他是誤謬不合。因此，這數百年中的韻書，竟成了陳陳相因的死東西了！因爲韻書陳陳相因，以致詩人作詩押韻也是陳陳相因，但是作詩却要講求音節的，要是所用的字，依着韻書上的古音去讀，才能音節諧適，依著自己嘴裏的音去讀，便不成音節的，這便是矯揉造作，不合自然音節的詩了。所以宋人作詞便不拘守舊韻書去押韻。到了元人作曲文章用當時人的白話去作字音用當時人的語言去讀，對于古文和舊韻一律拋棄。可謂文學上一大解放。所以那些元曲，都是『韻共守自然之音字能通天下之語；字暢語俊，韻促音調。』（這是周氏中原音韻序中稱讚元曲的話）周德淸據了當時曲文用韻的字來作中原音韻絕不遷就舊日的韻書，所以說他很有革新和創造的精神。

中原音韻共分十九韻，現在把他的韻目和國音韻母發音學字母列爲對照表，如下：——

	（中原音韻韻目）	（國音韻母）	（發音學字母）
1	東鍾		oŋ
2	江陽	ㄤ	aŋ
3	支思	ㄭ	ㄤ
4	齊微	ㄧ，ㄟ	i, ei
5	魚模	ㄩ，ㄨ	yu

6	皆來	ㄞ	æi
7	眞文	ㄣ	ən
8	寒山	ㄢ	æn
9	桓歡	「ㄢ」	ㄢ
10	先天	ㄧㄢ	iɛn
11	蕭豪	ㄠ	au
12	歌戈	ㄛ	o
13	家麻	ㄚ	a
14	車遮	ㄝ	ɛ
15	庚青	ㄥ	əŋ
16	尤侯	ㄡ	əu
17	侵尋		əm

18 監咸 ɑm

19 廉纖 iɛm

周氏所分的韻和國音韻母不同之點，說明如下——

A 國音韻母以廣韻的東冬鍾韻作為庚耕清青及蒸登韻的合口呼，注音為（ㄨㄥ），周氏於此三類，分為『庚』『青』和『東鍾』兩韻。大概當時讀東冬鍾的元音還是 oŋ，和庚耕諸韻合口呼不同。（參考第四講）但周氏于庚韻合口呼的字如『觥』『橫』，登韻合口呼的字如『肱』『弘』等也兼收在『冬東』韻中。因此，那時這三類是已經通用了，不過還沒有完全混合，所以韻分為二而字則兩部幷收。

B 周氏『齊微』一韻，中含「ㄧ」「ㄟ」兩元音「ㄧ」是單純元音，「ㄟ」是複合元音；而且「ㄧ」韻是齊齒呼，「ㄟ」韻是開合呼，併為一韻，頗覺不倫。這大概是把廣韻的分部和當時的讀音混為一談，以致有此謬誤。原來周氏的『齊微』韻的字，就是廣韻的支，脂，之，微，齊，灰，六韻的字。廣韻這六韻的等呼是——

支：齊齒「ㄧ」，撮口「ㄩ」。
脂：齊齒「ㄧ」，撮口「ㄩ」。
之：齊齒「ㄧ」，沒有撮口。
微：齊齒「ㄧ」，撮口「ㄩ」。
齊：齊齒「ㄧ」，撮口「ㄩ」。
灰：合口「ㄨㄟ」。

因爲「ㄧ」「ㄩ」兩音就是齊齒撮口兩呼所以支，脂，微，齊，四韻的齊齒呼是「ㄧ」撮口呼就應讀「ㄩ」，（現在蘇州等處方言有讀『歸』，『龜』，『鬼』，『貴』，等字之音爲「ㄐㄩ」的，這還是廣韻的韻讀）决不是讀「ㄨㄟ」。後來聲音變了，支，脂，微，齊，四韻的撮呼都讀爲「ㄨㄟ」，與灰韻併合。旣然併合，則儘可將支，脂，之，微，齊，五韻的齊齒呼自成一韻，支，脂，微，齊，四韻的撮口呼與灰韻合爲一韻。乃周氏作韻時，旣從當時的讀音合支等四韻的撮口呼與灰韻爲一，又從廣韻合支等四韻的齊撮兩呼爲一，于是成爲兼有「ㄧ」「ㄟ」兩元音的『齊微』韻了，這實在是周氏謬誤的地方。

C　魚與模合爲一韻，因爲「ㄩ」是撮口，「ㄨ」是合口。周氏書例，凡一個母音的四等，都合爲一韻，所以魚與模不分。

D　『寒山』『桓歡』和『先天』分爲三韻，不是等呼不同的原故。周氏于別的韻部都是把四等合在一韻，不容此一韻獨異。況且『寒山』韻中有『關』，『拴』，『灣』，『環』，這些合口呼的字，更足以證明『桓歡』不是『寒山』的合口呼。這桓歡韻的元音，就是現在蘇州人讀『安』字的音。（這蘇州的『安』音，本編暫用「ㄢ」去表他。）現在蘇州讀周氏『桓歡』韻的字的元音，無一讀「ㄢ」音的，而讀周氏『寒山』韻的字的元音，則均作「ㄢ」音，舉例如下：——

（桓歡）	（蘇州讀）	（寒山的合口）	（蘇州讀）
官	ㄍㄨㄢ	關	ㄍㄨㄢ
豌	ㄧㄨㄢ	灣	ㄨㄢ
搬	ㄅㄢ	班	ㄅㄢ
潘	ㄆㄢ	攀	ㄆㄢ

主於『先天』一韻，直到現在的國音，還是和『寒山』韻的元音不同。

E 『侵尋』以下三韻，古音都是附加聲母「ㄇ」(m)的元音。大概元朝時候還是如此，所以周氏照舊韻另列。現在除廣東音以外，都與「ㄣ」「ㄢ」「一ㄢ」三韻混合為一，國音也是如此。即——

『侵尋』合于『眞文』

『鹽咸』合于『寒山』

『廉纖』合于『先天』

2 洪武正韻

洪武正韻一書，以前無論探討古音的學者，或八股試帖的陋儒，對于他都是一筆抹殺，說他不成東西。其實這部書在官韻之中，和廣韻有同等的價值。較之清代的官韻所謂佩文齋詩韻也者，其價值高下之相差，『奚啻霄壤』！探討古音的人排斥他，是因為他與唐宋之音不合。這實在是『知二五而不知一十』的見解。他們都知道唐宋之音異於周漢。請問唐宋之音既可異於周漢，為甚麽明音就不可異於唐宋呢？至於八股試帖的陋儒，他們對于音韻之學本是茫無所知，死守一部詩韻，不管他於音理合不合，于自己嘴裏自然的音合不合，一味去盲從他反要排斥這樣很合時代的洪武正韻，眞可謂『不知量』了。

洪武正韻的分韻實在是藍本于中原音韻，拿彼此的韻部相較，便可以得其因襲之迹。兩書大不相同之點；卽是中原音韻把廣韻的入聲取消了，倂在平上去三聲之中，洪武正韻却仍列入聲。據我看來，兩書都以北音爲主，實在講不到入聲。卽使退一步說，北方也有幾處能讀入聲的；但是這種入聲，與現在中部讀成單純元音之短促者或者有些相像，决不是和廣韻一樣讀成附加帶鼻音的元音之短促者。中原音韻把廣韻的入聲都散歸單純元音和複合元音諸韻的平上去三聲之中。這就是北音讀入聲字同于——或近于——單純元音和複合元音之一鐵證。現在的純粹北音和普通官音都是這樣。洪武正韻既藍本于中原音韻，便不必有入聲，卽有入聲也應該和廣韻相反：就是當列入聲于單純元音之下，不列于附加帶鼻音的元音之下。現在看洪武正韻對于入聲的分配，還是和廣韻一樣。我以爲這是因爲官書的原故，所以這種調和新舊的辦法。其實既用中原音韻之新韻，便無須再牽涉廣韻之舊法。

洪武正韻因爲分四聲的緣故；共有七十六韻。現在把他的韻目和國音韻母，發音學字母列爲對照表如下：——

（洪武正韻韻目）（平）	（上）	（去）	（入）	（國音韻母）	（發音學字母）
1 東	董	送	屋(1)		uŋ
2 支	紙	寘		ㄭ	
3 齊	薺	霽		ㄧ	i
4 魚	語	御		ㄩ	y
5 模	姥	暮		ㄨ	u
6 皆	解	泰		ㄞ	ai
7 灰	賄	隊		ㄟ	ei

8	眞	軫	震	質(2)	ㄣ	en
9	寒	旱	翰	曷(3)	『ㄢ』	
10	删	產	諫	轄(4)	ㄢ	æn
11	先	銑	霰	屑(5)	一ㄢ	iɛn
12	蕭	篠	嘯		一ㄠ	iau
13	爻	巧	效		ㄠ	au
14	歌	箇	哿		ㄛ	o
15	麻	禡	馬		ㄚ	a
16	遮	者	蔗		ㄝ	ɛ
17	陽	養	漾	藥(6)	ㄤ	aŋ
18	庚	梗	敬	陌(7)	ㄥ	eŋ
19	尤	有	宥		ㄡ	eu

20	侵	寢	沁	緝(8)	em
21	覃	感	勘	合(9)	æm
22	鹽	琰	豔	葉(10)	iɛm

洪武正韻的分韻和國音韻母不同之點說明如下:——

1『東』『庚』兩韻之分,說詳A節。

2 正韻的『寒』『旱』『翰』三韻,就是中原音韻的『桓』『歡』韻,『刪』『產』『諫』三韻,就是『寒山』韻,『先』『銑』『霰』三韻就是『先天』韻。這三韻,正韻全依中原音韻分列。

3『眞』『刪』,『先』與『侵』『覃』『鹽』之分。說詳E節。

4 蕭爻兩韻,一齊一開,本來無須分別。洪武正韻把他分爲二韻,這大概和魚模之一撮一合分爲二韻者同例。或者因爲字多,或者略存一點舊韻面目,都未可知;總之是無關弘恉的。

5 正韻的入聲十韻,均依廣韻配在附加帶鼻音元音諸韻之下。若照中原音韻,則均當改配在單純元音和複合元音諸韻之下，即——

屋應配魚模及尤；

質應配支齊（有一部分字應配魚模）；

曷應配歌；

轄應配麻；

屑應配遮；

藥應配歌，及蕭，爻；

陌應配齊，及皆；

緝應配齊；

合應配歌及麻；

葉應配遮。

若如此配法，則不但與中原音韻相合，即與現在的國音比較，也大致相同。這才合于此音的眞面目。

3　字母切韻要法

字母切韻要法這部書，刻在康熙字典卷首，不知是誰作的。勞乃宣氏的等韻一得裏說他是明正德以後，清康熙以前的人所作。（外篇第51頁）。他這書分元音爲十二攝。全是據當時的音，所以與中原音韻，洪武正韻兩書又有不同之處，和國音韻母完全一樣。（除『ㄦ』母）我以爲這也是一部極有價值的韻書。那慣抄老文章的詩韻之類，是和他不能相比的。現在把他和國音韻母發音學字母列爲對照表如下：——

（要法十二攝）	（國音韻母）	（發音學字母）
1 迦	ㄚ	a
2 結	ㄝ	ɛ
3 岡	ㄤ	aŋ
4 庚	ㄥ	əŋ

5	褫	ㄛ，ㄧ，ㄨ，ㄩ，	e, i, u, y,
6	高	ㄠ	au
7	該	ㄞ	æi
8	傀	ㄟ	ei
9	根	ㄣ	en
10	干	ㄢ	æn
11	鉤	ㄡ	eu
12	歌	ㄛ	o

照這對照表看來，如『庚』『東』併爲一攝，寒刪先不分爲三眞『寒』『刪』『先』與『侵』『覃』『鹽』合而不分，都與中原音韻洪武正韻不同，這大概是明朝中葉以來變遷的音，直到現在的普通音還是這樣，所以國音韻母和他完全相同。

其中惟有把「ㄛ」「ㄧ」「ㄨ」「ㄩ」四個元音合爲一個褫攝，似乎與國音略有不同，其實還是一樣。論這三個元音的發音，確乎各自獨立，不當併爲一讀。但是中國音韻上的習慣，是把「ㄛ」「ㄧ」「ㄨ」「ㄩ」四個元音的轉變作爲開齊合撮四呼。十二攝中于他攝的四呼都合爲一圖，所以就把這「ㄛ」「ㄧ」「ㄨ」「ㄩ」四韻合爲一圖了。

4 五方元音

樊騰鳳的五方元音向來的文人學士們更看他不起，比到洪武正韻，更無人去過問他了。但是這部書在北部的勢力很大，幾乎學究的書桌上和商人的帳桌上都有這部書。論這部書的體例，的確荒陋得很：拿了『金』，『石』，『雷』，『風』，這些字作爲紐的標目，『天』『人』『牛』『馬』這些字作爲韻的標目，眞要令人發笑。但也不必專去笑他。你看那鼎鼎大名的古音學家朱駿聲氏，拿了六十四卦卦名中的字來作古韻韻目，不是和樊氏的標目一樣可笑嗎？論這部書的分韻，雖然不及字母切韻要法的精當，但是樊氏生在清康熙的時候，正是那一班『文學侍從之臣』跟了皇帝『稽古右文』的時候，他居然能够『純用方音，不究古義』，（這是四庫提要批評他的話）作成這部五方元音，總是不肯苟隨流俗的人了。

五方元音分韻爲十二部，現在把他的韻目和國音韻母發音學字母列爲對照表，如下：

（樊氏十二韻）	（國音韻母）	（發音學字母）
1 天	ㄢ	æn
2 人	ㄣ	ən
3 龍	ㄥ	əŋ
4 羊	ㄤ	aŋ
5 牛	ㄡ	əu
6 獒	ㄠ	au
7 虎	ㄨ	u
8 駝	ㄛ	o
9 蛇	ㄝ	ɛ
10 馬	ㄚ	a

11 豺　　ㄞ　　ai

12 地　　ㄧ，ㄟ，ㄩ，　　i, ei, y,

五方元音把「ㄧ」「ㄟ」兩個元音合爲一韻，大概是沿中原音韻之誤。「ㄧ」「ㄩ」合爲一韻，當是與字母切韻要法把「ㄛ」「ㄧ」「ㄨ」「ㄩ」合爲一攝同一分配。然「ㄨ」又別爲虎韻，則又不知何故。「ㄛ」韻之字，則併于駝韻，這正與國音字母未曾修正以前把ｏｅ合爲『ㄛ』韻同一不合。大概北部的人讀音時，音有由舌後部移入舌央部之勢，所以容易和ｅ相混。但這個實在是北部的方音，不能通行于全國的。

上列四家所分韻部或韻攝與國音韻母不同之點。現在再以國音韻母爲主，而與四家的韻目或攝名，列爲對照總表，庶可一目瞭然。表如下：——

（國音）	（周韻）	（正韻）	（要法）	（樊韻）
ㄓ	支	支		
ㄧ	齊	齊	祴（齊）	地

ㄨ	魚	模	祴(合)	虎
ㄩ		魚	祴(撮)	
ㄚ	家	麻	迦	馬
ㄛ	歌	歌	歌	駝
ㄜ			祴(開)	
ㄝ	車	遮	結	蛇
ㄞ	皆	皆	該	豺
ㄟ		灰	傀	
ㄠ	蕭	爻,蕭	高	獒
ㄡ	尤	尤	鉤	牛
ㄢ	寒	删	干	天
ㄧㄢ	先	先		

ㄣ	眞	眞	根	人
ㄤ	江	陽	岡	羊
ㄥ	庚	庚	庚	龍
oŋ	東	東		
「ㄢ」	桓	寒		
em	侵	侵		
æm	鹽	覃		
iɛm	廉	鹽		

（注）周韻拿兩個字作韻目，這裏只用他第一個字。正韻韻目舉平聲以賅上去。

自來講音韻的人，都偏重韻的一部分。對于紐的一部分往往都不大去理會他。如雙聲疊韻的研究，都起于漢魏之際；可是聲類韻集切韻這些書，都是講韻的。直到中唐以後，才有守溫製造三十六字母來講紐，明末以來，研究古韻的人很多，可是研究古紐的，只有錢大昕和章炳麟先生兩個人。

那很注重審音的江永，竟不知周朝的紐和唐宋的紐不同。那考古甚精的顧炎武段玉裁這些人，對于古韻極爲注意；對于古紐，毫不關心。這都是前代學者不大理會音紐的證據。

第六講　現代的標準音——注音符號

注音符號，是現代的標準國音，這是大家都知道的。講到注音符號的用處，實在是非常之多：——

A　改良以前的字母，韻部，及攝韻標音的方法；

B　改良以前用反切標音的方法；

C　注在字旁，使國語有了一定的讀音；

D　編輯通俗書報，若不寫漢字，單用注音符號寫出國語或方言的音。則可令大多數年長失學的平民於極短的時間內，就能自由看書，看報，寫信，不必再耗費許多寶貴的時間，受學習難寫難識的漢字的苦痛；

E　爲數年以後中國拚音新文字的預備。

這注音符號發生的歷史，可以分作三個時期說明他：

1　萌芽時期

清之初葉，大興劉獻廷，嘗作新韻譜；取華嚴字母，參以天竺陀羅尼，泰西臘丁話，小西天梵書，天方蒙古女眞等音創韻父三十，韻母五，以爲萬有悉備。（梁啓超清代學術槪論）可惜這些書還沒有成功而人琴都已俱亡。清季康有爲以爲小兒初學語的聲音，是天下所同，取其十六音以爲母自發凡例，叫他的女公子編次之。（見時務報梁啓超沈氏音書序）同時，蘇州沈學有十八筆之製，（同上）又有王炳耀，力捷三，盧戇章，蔡錫勇，楊瓊，李文冶，馬體乾，劉世恩，鄭鐸，朱文熊，王照，勞乃宣，吳敬恆等。或造音符；或創簡字；這是避煩就簡草創符號的開始。（見商務印書館編印最近三十五年之中國教育）

光緒二十八年宛平王璞呈請管學大臣張百熙奏准推行官話合聲字母（王照著）桐城吳汝綸天津嚴修都表示贊同。二十九年張百熙，榮慶，張之洞，奏定學堂章程，其學務綱要第二十四條列有：

「各國言語，全國皆歸一致，故同國之人，其情易洽，實由小學堂教字母拼音始。……茲以官音統一天下之語言故自師範以及高等小學堂，均於國文一科內附入官話一門……」

光緒三十一年直隸學務處通令全省啓蒙學堂傳習官話，並且在天津地方創辦一個簡字學堂；到第二年的時候，有兩江總督周馥，盛京將軍趙爾巽各在省城內設立簡字學堂。

光緒三十四年桐鄉勞乃宣繕簡字譜錄，進呈御覽，請行強迫的命令。奉旨：「交學部議奏」，沒有批准。到宣統元年勞乃宣，與趙炳麟，汪榮寶等在北京又設簡字研究會。二年，資政院議員江謙著小學教育改良芻議極力主張普及簡字，連署的人差不多有三十二人之多。同時畿輔，江南，四川各地有三百餘人向資政院請願，請以簡字推行官話。

那時候是嚴復做資政院議員，被推爲特任股員長，他審查這件案子，嚴氏主張：「謀國語教育，則不得不添造音標文字，……宜將簡字正名爲音標，由學部審察修訂，奏請欽定頒行」。翌年，中央教育會議開幕，遂通過統一國語辦法案。

2 推進時期

清室既倒，民國肇興，一切文化事業，都有改良推進的必要；對於注音符號一層，自然不能視爲例外。在民元（1912）七月召開臨時教育會議於北京，八月七日，通過採用注音字母案，十二月，部頒讀音統一會章程八條。民二（1913）二月，讀音統一會正式成立，議決國音推行方法七條：——

A　請教育部通咨各省行政長官飭教育司從速設立（國音字母傳習所），令各縣派人學習，畢業回縣，再由縣立傳習所招人學習以期推廣。

B　請教育部將公定字母從速核定公布。

C　請教育部速備國音留聲機，以便傳播於各省而免錯誤。

D　請教育部將初等小學國文一科改作國語，或另添國語一門。

E　中學師範國文教員及小學教員，必以國音教授。

F　國音彙編（五月八日議決國音字典改名國音彙編）頒布後，小學校課本應一律於漢字旁添註國音。

G　國音彙編頒布後，凡公布通告等件，一律於漢字旁添注國音。並取各家所長，編國音彙編草在案。

十二月，王璞著國音檢字，請教育部公布施行。奉批：「國定字音，關係重大，本部須斟酌盡善，始能頒布施行」。

民三（1914），王璞等二十五人組織讀音統一期成會。民四（1915），讀音統一期成會會員設立注音字母傳習所；教育部部長張一麐月捐俸銀二百元爲經費，並呈請大總統批准立案。民五（1916），注音書報社成立，發行注音書報。

民六（1917），第三次全國教育會聯合會議決：「請教育部速定國語標準，並設法將注音字母推行各省區，以爲將來小學國文科改國語科之預備」。同年，江蘇省教育會議決：「各學校用國語教學」，隨即實行。

民七（1918），召開全國高等師範校長會議，議決：「高師附設國語講習科，以專教注音字母，養成國語教員爲宗旨」。當時，由吳敬恆起草國音字典，促教育部組織國語統一籌備會，並和陳懋治，王璞，馬裕藻，錢玄同，黎錦熙等，昕夕校訂。十一月二十三日，以第七十五號部令正式公佈注音字母，令曰：

「查統一國語問題，前清學部中央會議業經議決。民國以來，本部鑒於統一國語，必先從統一讀音入手，爰于元年，特開讀音統一會，討論此事。經該會會員議定注音字母三十有九，以代反切之用，並由會員多數決定常用諸字之讀音，呈請本部設法推行在案。四年，設立注音字母傳習所，以資試辦，迄今三載，流傳寖廣。本年全國高等師範校長會議議決於各高等師範學校附設國語講習科，以專教注音字母及國語，養成國語教員爲宗旨；該議決案已呈由本部采錄令行各高等師範學校遵照辦理。但此項字母，未經本部頒行。誠恐傳習旣廣，或稍歧異，有乖統一之旨，爲此特將注音字母三十九字正式公布，以便各省區傳習推行。如實有須加修正之處，將來再行開會討論，以期益臻完善。此令」。

十二月二十三日公布國語統一籌備委員會規程十四條，載在法規。

民八（1919），國語統一籌備會正式成立。四月十六日，本部復以部令公布注音字母音類次序並附以說明。九月，國音字典初版出書。十二月，以部令公布之，文曰：

「據國語統一籌備委員會函稱：『前讀音統一會審定之字音，業經編印國音字典一書，查本會規程第四條第一項，爲「國音字典之校核訂正」，是本會對於國音字母實負有修訂之責任。因即根據此旨將此書交由本會審查委員會詳加覆核，悉心修訂。茲已修訂完竣，凡關於此次修正字母校改字音之理由及將來重印國音字典時體例之改定，均一一加以說明，印有國音字典附錄一小册，正擬函請大部公布。適見第六屆全國教育會聯合會請定北京音爲國音並頒國音字典議決案一件。查讀音統一會審定字典，本以普通音爲根據。普通音即舊日所謂官音，此種官音，即數百年來全國共同遵用之讀書正音，亦即官話所用之音，實具有該案所稱通行全國之資格，取作標準，允爲合宜。北京音中所含官音比較最多，故北京音在國音中適占極重要之地位；國音字典中所注之音，什九以上與北京音不期而暗合者，即以此故。惟北京亦有若干土音，不特與普通音不合，且與北京人讀書之正音不合，此類土音，當然捨棄，自不待言。本會此次修訂國音字典，凡遇原來注音有生僻不習者，已各照普通音改注；北京音之合於普通音者，當然在採取之列。至北京一隅之土音，無論行於何地，均爲不便者，斷難曲從，該會所欲定爲國音之北京音，當即指北京之官音而言，決非强全國人人共奉北京之土音爲國音也。國音字典中對於北京官音，既已盡量採用，是該會所請求者，實際上業已辦到，似又毋庸贅議。至於聲調問題，公布注音字母之部令中，僅列陰平陽平上去入五聲，並未指定應以何地之五聲爲標準。誠以五聲讀法，因各地風土之異，與語詞語氣之別，而千差萬殊，絕難强令一致。入聲爲全國多數區域所具有，未便因北京等處偶然缺乏，遂爾取銷，正猶陽平亦爲全國多數區域所具有，未便因浙江等處偶然缺乏，遂爾取銷也。蓋語音統一，要在人人咸能發此公共之國音，但求其能通詞達意，彼此共喻而已；至於絕對無殊，則非惟在事勢上有所不能，抑亦在實用上爲非必要也。現在國民學校業已施行國語教育，因之外間對於標準字音，需求孔亟；此國音字典本爲標準字音而作，現經本會修訂完竣，合將國音字典及附錄呈上，應請大部迅即公布頒發，並令行各省教育廳及直轄學校，自經此次公布之後，國語讀音，悉當依此修正之國音字典各準繩，以昭劃一。至語音本隨交通而遞有變遷，法令當順時宜而漸圖改進；此後本會當力徵各方面之意見，與發音學聲韻學言語學等專家之所討究，俟事勢上有修訂之必要時，再行開會議決。此次編訂字典，釐正讀音，係統一語言之初步，規模粗具，功効易期。仍冀各方面分途研討，共事推行，庶能精益求精，完成國語統一之業。』等因前來合亟檢同原書□份令行該廳，轉知所屬各校，嗣後教授字音，悉以該書爲準繩，藉收讀音統一之效。此令」

民九（1920），一月本部通令全國國民小學一二年級改國文爲國語。同月二十四日，以部令修改學校法規；並於施行細則規定「首宜教授注音字母，正其發音。」四月，通告各書坊；「凡照舊制編輯之國民學校國文教科書，一律作廢，第三學年用書，秋季始業者，准用至民國十年夏季爲止；春季始業者，准用至民國十年冬季爲止；第四學年用書，秋季始業者，准用至民國十一年夏季爲止；春季始業者，准用至民國十一年冬季爲止。至於修身，算術，唱歌等科，所有學生用書，其文體自應與國語科之程度相應。」本年，坊間「注音字母」小學教科書開始出版。教育部開辦國語講習所二次，各省區保送員生畢業者二百八十五人。

民十（1921），訓令各省：「凡師範學校及高等師範，均應酌減國文鐘點，加授國語。」秋，黎錦熙等設中華民國國語研究會支部在上海。

民十一（1922），以部令公布注音字母書法體式，續辦國語講習所二次，訓練各省區保送及考取之員生合計一百五十五人。

民十二（1923），第六屆全國教育會聯合會新學制課程標準起草委員會刊布中小學各科課程綱要，規定「小學及初中高中一律定名爲國語科。」並於初級畢業最低限度標準項下載明「能使用注音字母」一語。同時京師學務局，北京教育會，北京小學教育研究會於所擬新制小學課程標準中，規定：「於第一學年教學注音字母。」

民十三（1924），國語統一籌備會開第五次大會，會員黎錦熙，沈頤等，提出修正小學國語課程綱要案，於第一學年之第三項增「國音字母之熟練」一語。是年秋，齊盧戰起，政局騷然，籌備會會員散居各處，作文字之宣傳。民十四（1925），定「詞類連書」之例；年杪，開議國語羅馬字。民十五（1926），國語統一籌備會，自行公布國語羅馬字拼音法式。十月，增修國音字典稿本大致完成。十六年（1927），國語統一籌備會保存名義，停止經費。在八月間，國民革命軍起，國語羅馬字運動，彌漫南北。

民十七（1928），七月十二日，中華民國大學院電請錢玄同，黎錦熙，爲國語統一籌備會籌備員，以舊教育部東院爲會址。同年九月，大學院第十七號佈告公布國語羅馬字拼音法式，文曰：「爲佈告事：查國語統一籌備會製定國語羅馬字拼音法式，兩年以來，精心研究，已多方試驗，期於美善；其致力之勤劬，用意之周到，至堪嘉尚。茲經本院提出大學委員會討論，認爲該項羅馬字拼音法式，足以喚起研究全國語言學者之注意，並發表意見，互相參證；且可作爲國音字母第二式，以便一切注音之用，實於統一國語有甚大之助力。特予公布，俾利推廣而收宏效。此佈。中華民國十七年九月二十六日，院長蔡元培」。附十五年國語統一籌備會公布羅馬字拼音法式於後：

「本會於民國十二年開第五次大會時，據中華教育改進社函送國語字母組織議決案一件，大意稱本社爲促進本國教育，增加國際諒解，以應時代需求計，承認國語拼音用羅馬字母之便利與必要，應取外人在華及本國學者所制定之各種拼音制度比較審查，採取衆長，融合爲一種羅馬字母拼音標準制，呈請教育部公布，與注音字母同時推行等因，比經大會議決：『照章組織羅馬字母拼音研究委員會，詳加討論』。該委員會成立迄今已逾三載，其間蒐羅材料，調查實況，凡現行制之缺點，新定制之較量，專家意見，則廣事徵求，國外學者，亦通函討論，計開會二十餘次，參稽試驗，稿凡九易，乃於本年九月十四日召集全體委員正式通過。先將重要各表稍綴注釋，約舉條例，印成國語羅馬字拼音法式一小册，茲錄於下：查羅馬字母比照華音，始於明末，如天啓時西洋教士金尼閣（Nicolas Trigault）即著有西儒耳目資一書，四庫著錄，已存其目。其後二百年間，閉關爲治，此種需要，不逮曩時。鴉片戰後，海禁大開，迄於今茲，交通日密，稅關，郵局，公牘，報章，人名，地名，必經西譯，於是留華西人競事規定華音，字典層出不窮；然其拼切法式，迄未畫一，其流行較廣者，惟前駐華英使威妥瑪（Thomas Francis Wade）氏所定之威氏式（Wade's System）及今郵電所用之郵政式（Postal System）彙編詞書，各成巨製，而學校教會鐵路報章，仍多自爲風氣。夫本國方音，隨地而異，故香港譯成 Hongkong，周姓歧作 Chow Tseu，此則或因習慣已久，或緣國語未通，果能標準國音，自可歸於一致。惟字母拼切根本法式，若復彼此殊術，益以爲術至疏，似今情形，良多流弊。例如四聲界限不明，則山西與陝西莫辨；平聲陰陽相混，則唐山與湯山無殊；以L拼i，『黎』『李』可成同姓，將ang綴ch，『昌』『章』竟是一名；威妥瑪諸人亦感及此，故或加符號以辨發音，或用數碼以表聲調；然書寫既苦繁蕪，印刷尤多障礙。至近人新製諸案，則多利用二十六字母中之不常用者，或參入國際音標，以資識別；然其不便與前相等，而音節間橫出異文，耳目俱困，尤難適用。邇來東西文化互爲灌輸，西文著述稱名愈廣，人地而外，專名術語，亦多音譯，則此事關係重要，又不但日常生活，國際交通諸事而已。且羅馬字母世界通用。辨認拼切，已成國民常識之一。自注音字母公布以來，全國小學固已通行，而略識西文之中流人士，與中等以上學生，以及通都大邑服務工商各界者，則多未免倦於補習；誠得國定之國語羅馬字母與之對照，而爲其別體，則藉素習之工具進而研習國音，則可以不學而能，有無師自通之樂。是於國語統一前途，尤多裨益。本會旣以大會鄭重之議決，復經委員會三年來之研討，根據學理，斟酌世實，定此國語羅馬字拼音法式，與注音字母兩兩對照，以爲國音推行之助。此後增修國音字典，卽依校訂之國語標準音拼成羅馬字，添記於注音字母之後，教育，交通，工商各界，如遇需用羅馬字時，卽以此種拼音法式爲標準，以昭劃一而便通行。特此通告。」

是年，各地文字革命及新文字之呼聲最高。秋九月，大學院仍改稱教育部，十二月，國語統一會定名爲國語統一籌備委員會，以部令公布規程十一條，載在法規。民十八（1929），國語統一籌備委員會有編纂中國大辭典之計劃。

3 發達時期

符號推行，當自民十九（1930）始。蓋前此目的，在統一國音，與光緒二十八年以「官音統一天下」，其義無殊；故其行不遠。四月，中央執行委員會第八十八次常務會議，吳敬恆等提出：「改定注音字母名稱爲注音符號，以免歧誤而利推行，請求公決案」，議決通過，隨即通令各級黨部遵行，一面函知國民政府照辦，文曰：

「查我國教育落後，國人不識字者，幾占全國人口百分之八十以上，實爲民族最大之缺陷。是以本黨第二屆第一九七次常會制定之下層工作綱領，曾以識字運動爲首要。顧頒行以來，尚未能推行盡利。考我國文字，優點甚多；其缺點在少注音，不便於孩童及失學民衆之初步習練。所以日本輔漢文以假名，卽成爲通俗最良之工具，反比歐美拼音文字，收效尤宏。古代注音之法，曰『讀若』曰『直音』，曰『反切』，皆拘牽門類，自趨繁複，致不適於簡易之注音。最簡易之注音，卽定雙聲原素若干，叠韻原素若干，總數不過數十，則傳習至易。教育部前頒注音字母，卽用此法。其爲音理之整齊劃一，實勝於假名；惟其功用亦不過或注字音，或注語音，足當音注而已；與假名相同，僅適注音，不合造字；稱爲『字母』，徒滋歧誤，所以應改稱爲『注音符號』，以副名實。惟其注音而已，並非造字，卽不必過省符號之數量，及多設拼音之條例。對于高深學問及重要契約，其聲類之平仄，義類之同異，仍皆由漢文負其分別之責，不必在注音符號上又加枝贅之分別。如此，則僅僅簡單數十符號，知書者三日卽可熟識，卽可爲師，失學者最多習之兼旬卽可畢業。且用此數十符號，注國音可，注土音可，注於文字之旁可，單用而注出口中之語亦可，左宜右有，無音不可注，無語不可傳，卽予通俗教育以至廣極速之効也。黨部得之，可藉筆墨之力宣傳主義，普及於大多數失學之民衆。政府官吏得之，可收受不識字人之注音狀牒，及張布注音文告，而民隱由是大通。教育界之教師與學生得之皆能費極少之時間，極少之勞力，各指示其母姑姊妹傭人工友。若如是的全國知識界下總動員，令努力宣傳，照日本能讀通俗假名附注之書報，卽算識字之例，不難由百分二十之識字人數目，在短時內增至七八千分。本會認爲注音之方法，實字運動最犀利之工具，亟應盡力推行。爰於本月二十一日第八十八次常會議決，改「注音字母」名稱爲「注音符號」，並決定推行辦法三項於下：

A　令行各級黨部，使黨部人員一體採用，以增宣傳黨義上之便利。

B　知照國民政府，令行各機關人員，應一律熟記，藉以周察失學民衆疾痛之助。

C　飭教育部令行各級教育機關，師生皆應傳習，協力以助民衆補習教育容易進行。

……又注音符號之讀法，應由教育部編成傳習小冊，呈經中央核定後，分別頒行，限期實施。

相應一併函達，卽希查照辦理爲荷。」

國民政府旋訓令所屬中央各機關遵照；並轉飭所屬一體遵照辦理。從此注音符號由國語運動一變而爲識字運動之助矣。

十九年五月二十一日本部首先組織教育部注音符號推行委員會，並公布規程十一條如下：

第一條——教育部爲謀注音符號普遍的推行起見，設立注音符號推行委員會。

第二條——注音符號推行委員會（以下略稱本委員會）底任務如下列各項：——

A　研究注音符號。

B　編輯關於注音符號底必要的圖書。

C　擬具推行注音符號底方案。

D　協助國民政府所屬的各院部會處練習注音符號。

E　督促指導全國地方推行注音符號。

第三條——本委員會暫定九人到十三人，由教育部長委派或聘定。

第四條——本委員會由教育部長就委員中指定常務委員三人處理日常事務，由常務委員互推主席一人。

第五條——本委員會「全體會議」每一個月開一次，「常務會議」每兩星期開一次，可以由常務委員主席召集臨時會議。

第六條——本委員會擬定計劃及編輯的圖書，經教育部長核定之後施行。

第七條——本委員會委員都是名譽職。但因爲會務往來，可由教育部酌給川資。

第八條——本委員會底文書和其他事務，由常務委員請由教育部長指定教育部職員兼任。

第九條——各省教育廳，各特別市教育局，都應組織各該省市注音符號推行委員會，秉承本部辦理各該省市關於推行注音符號的一切事務。

第十條——本規程得由本委員會全體會議的決議，呈經教育部核準修改。

第十一條——本規程經由教育部核准施行。

並於七月二十八日起，函請中央黨部各部會，國民政府各院部，及其他黨政機關，派送職員，在部辦注音符號傳習所傳習音符，以便回原派機關傳習推廣。同時並制定各省市縣推行注音符號辦法二十五項，咨行各省市政府，並令各省市縣教育廳局遵照辦理。其辦法如下：——

（1）推行注音符號，應當在最短時間，使全國識字的人利用注音符號，教導全國不識字的人，能使用注音符號，進而認識文字，以達到人人識字的目的。

（2）各省市縣在推行注音符號之先，應當多方宣傳，並酌量舉行宣傳週。其辦法得採用本部頒布的識字運動宣傳大綱。

（3）各省市縣教育廳局，各設推行注音符號委員會，負指導和推行注音符號的全責。

（4）各省市縣教育廳局各設注音符號指導員若干人，其人選就推行注音符號委員中推定，或另外委派；分赴各縣區，鄉，鎮，鄰，閭，指導和協助國音注音符號的進行，並調查方音；彙齊呈報廳局，整理審查。

（5）各省市縣教育廳局，在接到指導員的方音調查報告後，依次疊轉呈請上級教育行政機關及教育部國語統一籌備委員會覆審，一面根據報告材料，編輯方音注音符號傳習小冊及注音符號本地同音常用字彙，用本地話解釋，以利進行。

（6）由教育部指定國內已辦有成績的國語學校數處，令各省市派員學習注音符號原理，以便回省市担任宣傳調查傳授和推行工作。

工作。

（7）各省市得設注音符號傳習班，令各縣區派員學習，以便回縣區担任宣傳調查，和推行工作。

（8）各省市縣機關，團體，學校，工廠商店等應設注音符號傳習處，以便內部人員及附近民衆學習。

（9）各省市縣民衆書報閱覽處，圖書館，民衆教育館等社會教育機關，亦應設立注音符號傳習處以期普遍推行。

（10）各省市縣民衆學校或各種補習學校，及上列八九兩條機關團體等，如設有民衆學校，應就民衆學校內多設班級，或卽就原有班級課程內，傳授注音符號。

（11）各省市縣所有公私立各級學校，應當一律在課內或課外，抽出最短時間教授注音符號。在相當期間後，各校校長，教務主任，及教授國語之教員，不熟注音符號者，皆應黜職。

（12）各省市縣所有其他公私立各種教育文化機關職員，應於最短期間，一律儘先熟習注音符號。在相當期間後，有不熟的，罰則和上條規定校長教務主任等相同。

（13）各省市縣所有各書坊及印刷業，改鑄鉛字模字旁一律加國音注音符號。

（14）各省市縣各新聞業，在可能範圍內將重要新聞改語體文，字旁一律加注音符號。或另闢專欄，用語體文刊載，供農工民衆閱讀的文字，（如民衆文學生活常識……）字旁都加注音符號。

（15）各省市縣各機關團體學校等，編輯通俗書報，民衆用叢書，和補充讀物，一律用語體文，加注音符號。

（16）各省市縣各機關團體街衢車站等名稱，學校商店工廠等招牌，以及用語體文的宣傳標語廣告等，須於字旁，加注音符號。

（17）各省市縣各機關團體學校等，對于民衆布告，應用語體文，並逐漸在字旁一律加注音符號。

（18）總理遺囑訓詞，及各省市縣所編輯的民衆識字課本，和關於語體文的黨義宣傳印刷品。應當一律加注音符號。

（19）凡加注音符號之字，應當在字右旁注國音，在可能範圍內，並在左旁方音。

（20）各市縣政府，應提倡發行純用語體文編輯，需全文加注國音和方音的地方新聞。

（21）凡中央及各省所發佈加注國音符號於文字右旁的一切文字佈告讀物，各市縣於翻印披露時，都得加方音注音符號於左旁。

（22）自民國二十年一月起，各級黨部各機關團體學校工廠商店等，儘先雇用熟習注音符號的人。

（23）各省市縣各級黨部及各行政機關，應下令强迫全體工作人員，於一定期間內，學習注音符號。如果確有特別事故，可向本機關聲請延期；經核准後，可發給延期證，交令收執。但有效期間，至多不得過四個月，逾期再不學習，以失責或溺職議處。

（24）在訓政時期，本部成年補習教育計劃尚未完全實現以前，民衆呈訴報告，或供認事件，得於字旁加注音符號；或於不得已時，略用符號，代替漢字。

（25）推行注音符號的考成辦法，以及各機關職員和民衆學習注音符號傳授注音符號的規程，由教育部另行規定，呈請政府核准公布。

同時中國國民黨中央執行委員會宣傳部訓令直轄黨報及各省市黨部宣傳部採用注音符號從事記載，並印推行注音符號宣傳要點六條。本部亦編印注音符號傳習小册分發各處。時各省市組織注音符號推行委員會並將該會規程，組織大綱呈報教育部者計有：

浙江，察哈爾，陝西，雲南，黑龍江，山東，福建，江蘇，湖北，江西，貴州，熱河，山西，廣東，河南，河北，東省特別區，漢口，上海，青島，北平，天津等處。呈核實施方案或呈報實行傳習者，有：湖北，河南，福建，廣東，安徽，江西，熱河，山西，察哈爾，南京，青島，漢口等處。

附聲韵和反切的說明

音韻學分作兩大部分：

（1）聲；

（2）韻。

聲中應該說明的，是——

a 聲類；

b 阻；

c 無聲僕音和有聲僕音；

韻中應該說明的，是——

d 韻部；

e　等呼；

f　單純元音，複合元音和附聲的元音；

g　四聲；

h　韻攝。

1　聲類

中國所謂『聲』，就是英文的 Consonant。普通譯為『子音』，而 Vowel 則譯為『母音』，名稱實不確當，嚴復英文漢詁改稱為『僕音』和『元音』，於義較合，今即用之。稱僕音為『聲』，由來甚古。漢魏之際，就有『雙聲』『疊韻』這兩個名目。僕音相同的字叫作『雙聲』，元音相同的字叫作『疊韻』。所以單稱僕音，就叫作『聲類』。

雙聲這個名詞，雖然遠起於漢魏之際。但當時還沒有把聲類分別，直到中唐以後，守溫才依着印度字母的排列，定當時所用的聲為三十六類，每類任取本類中一個字作為標目，如『見』，『溪』，『羣』，『疑』等等。但是依據印度字母的排列作成的，所以就稱為『三十六字母』。自此以後，一班學者談到聲類，都稱爲『字母』，或簡稱曰『母』。其實這個名詞，是很不通的。因爲『字母』的意義，就是『一切文字之母』。如西文的 Alphabet 和中文的獨體象形指事字，才可以叫作字母。現在的注音符號，雖然不能完全替代漢字，可是他有補漢字之不足的義務，有時候他竟可以代替漢字用；——如通俗書報等，——多少總有幾分文字的性質，所以稱爲『字母』，還不算錯。若守溫所定的『見』，『溪』，等等三十六字，不過是個聲類的標目，旣不能與韻目拼合成字，幷且單有僕音，怎麼可以稱爲字母？前人稱爲字母，實在是『名不正』的。

近來章炳麟先生據孫愐的唐韻序裏：——

『紐其脣齒喉舌牙部仵而次之。』

這句話，說古人本稱僕音曰『紐』，因主張改『字母』之名曰『音紐』。『紐』，就是『樞紐』；『音紐』的意思，是說『發音機關』。那麼這個名詞，也還可以用得。本編兼用『僕音』，『聲類』，『音紐』，三名，爲圖行文之便，所以不拘拘於專用一名。（字母之名雖不確當，但守溫旣用此名，則稱引三十六字母，有時亦不能不沿用。故本編亦間稱『見』母『溪』母等等。）甚麼叫作『聲』

呢？我們的發音機關，從聲門到嘴唇，上下相對的部位，如軟顎和舌根，硬顎和舌前，上齒和下唇，……都可以相接觸，當那聲音從氣管往外洩出的時候，要是上下相對的部位彼此接觸，則氣流就要被阻了。被阻的氣，或破裂而出，或摩擦而出，或改由鼻管洩出，(詳阻項)這被阻而出的音，就叫作『聲』。人嘴裏能發的僕音很多，但是某一時代某一地方的語言裏用着的僕音，却沒有多少，所用着的，大概總是那些很容易發的音，間或有幾個特別的音，或者是因爲適宜於那一個時代或那一個地方的人，所以才用着他。

2 阻

上文說過，僕音是氣流被阻而出的音。現在要把阻的位置，程度和種類，簡單的說他一說：

A 阻的位置。現在的國音，共有八阻：——

(1)上下兩唇阻，亦名雙唇阻。——即ㄅ，ㄆ，ㄇ三母。韻母之ㄨ作聲母用時，亦入此阻。(ㄨ母又兼舌根阻。)

(2)下唇和上齒阻，亦名唇齒阻。——即ㄈ，ㄪ二母。(ㄪ母又兼舌根阻)。

(3)舌尖和門齒阻，亦名舌齒阻。——即ㄗ，ㄘ，ㄙ，三母。

(4)舌尖和上牙床阻，亦名舌尖阻。——即ㄉ，ㄊ，ㄋ，ㄌ，四母。

(5)舌尖和硬顎阻（可併入舌尖）。韻母之ㄦ作聲母用時，即入此阻。

(6)舌葉和硬顎阻，亦名舌葉阻。——即ㄓ，ㄔ，ㄕ，ㄖ，四母。

(7)舌前和硬顎阻，亦名舌前阻。——即ㄐ，ㄑ，ㄬ，ㄒ四母。韻母之一，ㄩ兩母作聲母用時，亦入此阻。

(8)舌根和軟顎阻，亦名舌根阻。——即ㄍ，ㄎ，ㄫ，ㄏ，四母。

B　阻的程度有『全阻』和『半阻』的不同。氣流外洩的時候，經過的通道完全被阻的，叫作『全阻』。阻得不很嚴密，氣流仍可外洩的，叫作『半阻』。

C　阻的種類。全阻的音有二種：——

(1)破裂音；

(2)摩擦音。

當發音時，嘴裏各器官的阻突然移開，使被阻的氣迸裂而出所成的音響，名曰破裂音，即ㄅ，ㄆ，ㄉ，ㄊ，ㄍ，ㄎ，諸母。破裂音中又分爲『出聲』和『送氣』二類。僅有聲響的是『出聲』即ㄅ，ㄉ，ㄍ，諸母。有氣息透出的是『送氣』，即ㄆ，ㄊ，ㄎ，諸母當發音時，把軟顎下垂，使他密閉口腔的通路，而改從鼻管洩出的音名曰帶鼻音。即ㄇ，ㄋ，ㄫ，ㄏ，諸母。

半阻的音有四種：——

（1）單純摩擦音；

（2）齒縫摩擦音；

（3）邊音；

（4）捲音。

當發音時，嘴裏的器官上下兩部相向，不將氣流通路全行遮斷，使氣得在其間流出，成一種摩擦之勢的，名曰單純摩擦音。即ㄈ，ㄪ，ㄏ，及ㄧ，ㄨ，ㄩ，諸母。

由舌尖或舌前將氣流外送，使從齒縫洩出，而成一種尖銳之音的，名曰齒縫摩擦音。即ㄒ，ㄕ，ㄙ，三母。當發音時，將舌尖和上牙床或舌葉和硬顎相抵住，而使氣從舌旁流出所成的音響，名曰邊音，前者即ㄞ母，後者即ㄖ母。當發音時，將舌尖捲起，上抵硬顎所成的音響，名曰捲音，即ㄦ母。

還有一種破裂兼摩擦的音，即ㄐ，ㄍ，ㄓ，ㄗ，ㄋ諸母。

破裂音的ㄉ＋摩擦音的ㄒ＝ㄐ；

破裂音的ㄊ＋摩擦音的ㄒ＝ㄑ；

破裂音的ㄉ＋摩擦音的ㄕ＝ㄓ；

破裂音的ㄊ＋摩擦音的ㄕ＝　；

破裂音的ㄉ＋摩擦音的ㄙ＝ㄗ；

破裂音的ㄊ＋摩擦音的ㄙ＝ㄘ；

從前的韻書上，對于阻的位置所定的名稱，以守溫三十六字母所用的爲最普通。他分爲七音，七音又分爲十類：就是：——

(1)牙音，

(2)舌音（分爲舌頭音和舌上音二類），
(3)脣音（分爲重脣音和輕脣音二類），
(4)齒音（分爲齒頭音和正齒音二類），
(5)喉音，
(6)半舌音，
(7)半齒音。

和今定的七阻音較，則——

牙　音＝舌根阻

舌頭音＝舌尖阻

舌上音（國音不用）

重脣音＝雙脣阻

輕脣音＝脣齒阻

齒頭音＝舌齒阻

正齒音＝舌葉阻

喉　音（國音不用）

半舌音＝舌尖阻的邊音

半齒音＝舌葉阻的邊音

舊音的舌上音和喉音，爲國音所不用：——

舌上音有知徹澄娘四母其知徹澄之母所領之字，國音倂入舌葉阻ㄓㄔ二母之中；娘母之字，分ㄨ，ㄋ，ㄏ，ㄖ三母之中，

喉音有影，喻，曉匣四母：影母是元音，本非聲類；喻母即ㄧㄩ兩母在聲母中之音（相當於發音學字母之jɥo 本編作「ㄧ」「ㄩ」），論音理，當列在舌前阻；曉匣二母即國音之ㄏ母，舊爲聲門阻，所以列在喉音，（喉音是聲帶和聲帶的阻，亦名聲門阻）今轉入舌根阻，所以與ㄍ，ㄎ，ㄫ三母同列一處。

國音舌前阻的ㄐ，ㄑ，ㄏㄒ四母，是舊音見，溪，羣，疑，曉，匣六母中一部分之字，本讀ㄍ，ㄎ，ㄫ，ㄏ（ㄏ讀喉音）之音，後來音變，才轉爲舌前阻，所以舊音無此四母。

又國音ㄦ母所領之字，本是舊音ㄖ母之字，讀成ㄦ音，也是後來的變遷。

音韻家對于阻的種類，也有定了名目來分他的。方密之通雅，江永音學辨微，錢大昕養新錄，陳澧切韻考外篇，均定爲『發聲』，『送氣』，『收聲』三類，分得太粗略。近人勞乃宣等韻一得，定爲『戛』，『透』，『轢』，『捺』四聲類，較方氏等所分稍加精密。茲將勞氏的四類和今定之名稱相較，則：——

戛＝破裂音的出聲，

透＝破裂音的送氣，

轢 ＝單純摩擦音，＝齒縫摩擦音，＝邊音，捺＝帶鼻音。

捲舌音之ㄦ，因舊音倂於ㄖ母，所以勞氏沒有另立一類。

照上面所列的看來，可以知道舊音韻家對于阻的位置，定名頗多不當。（如『牙』，如『半齒』等名，皆不可通。）對于阻的種類分析亦欠明白。這由於以前研究學問的人，都是憑臆推測，沒有受過科學洗禮的原故。我們如果願意闡明『國故』的眞相，非用科學的方法研究不可。名詞是實質的記號，非改用含義確當和分析明白的新名，則對于實質，就會鬧到影響模糊，莫名其妙，這是不可不注意的。

3　無聲僕音和有聲僕音

僕音之不受聲帶顫動的，是『無聲僕音』，如西文字母之P, F, T, K, S等音是；受聲帶顫動的，是『有聲僕音』，如西文字母之B, U, D, G, Z等音是。

舊韻書上所謂『淸音』和『濁音』，元明以來所謂『陰平』和『陽平』，都是指這兩類而言：

清音＝陰平＝無聲僕音；

濁音＝陽平＝有聲僕音。

『清濁』『陰陽』這些字，各有他的本義。古人往往愛拿這些字來作爲音韻上的名目，再加上幾句『玄之又玄』的解釋，解釋解釋的話愈多，研究的愈加莫名其妙，也只好跟着古人，講些玄妙的話了。現在應該打破那些玄妙的解釋，把名詞重行定過，下個簡單而且確當的解釋，才能使人明白。所以本編對于舊日所稱爲『清音』或『陰平』的，都改稱爲『無聲僕音』。舊日所稱爲『濁音』或『陽平』的，都改稱爲有聲僕音。

舊名既不可通，本無解釋之必要，而且也無從解釋起。不過現在對於『陰平』『陽平』這兩個名詞，却有應該說之點。既要稱爲『陰』『陽』，就稱爲『陰』『陽』罷了，何以下面又要加個『平』字呢？原來無聲僕音和有聲僕音本來各有平上去入的，廣韻裏分得明明白白。元明以後，以北音爲普通音。北音發音高亢，有聲僕音，惟有平聲，那舊韻書裏有聲僕音的上去入聲，北音都讀成無聲僕音了。當時的音韻學家，就想出一個方法，把那有聲僕音的音紐取消，其字歸入無聲僕音的音紐之中。可是在『破裂音』和『破裂兼摩擦音』中，無聲僕音的音紐都有兩個，有聲僕音的音紐却只有一個。前人都說這一個音紐也有兩種讀法，卽一爲出聲，一爲送氣，這話是很對的。元明以來的北音，把這有聲僕音的音紐的平聲，讀他自身的送氣的音；上去入聲，則讀成無聲僕音的出聲的音。那歸併音紐的人因此就把這有聲僕音的平聲，歸入無聲僕音的送氣的音，稱爲他的『陽平』；上去入聲，則與無聲僕音的出聲諸音合併爲一。這樣一來，就把幾個有聲僕音的音紐取消了。

上面所說，恐怕不能明瞭，現在取守溫的見溪羣三母的字，說明其古今的變遷，如下：——

唐宋之音

	無聲僕音	有聲僕音
出聲	見　平上去入	羣　平上去入
送氣	溪　平上去入	羣　平上去入

元明以來之音

	出聲	送氣
無聲僕音	見陰平，即舊見平 見上，即舊見上和羣上 見去，即舊見去和羣去 見入，即舊見入和羣入	溪陰平，即舊溪平 溪上，即舊溪上 溪去，即舊溪去 溪入，即舊溪入
有聲僕音		溪陽平，即舊羣平

看了這表，可以明白他們删併有聲僕音的音紐以後的辦法和『陰』『陽』兩字的下面加『平』字的緣故了。（有聲僕音的出聲既不用，則見母就無所謂陽平了，既無所謂陽平，則見母之平聲卽無須稱爲陰平，不過習慣上也一律稱爲陰平罷了。）

4 韻部

中國所謂韻，就是英文的Vowel普通譯爲元音。元音和僕音的分別：就是當聲音從氣管裏往外發洩的時候，若於舌顎唇齒各部位遇阻，使成破裂式摩擦等等音響的，是僕音；氣流自由外達，不遇阻的，是元音。雖說不遇阻，可是舌的前後及升降，唇的圓否，有很大的關係，所以元音的變化甚爲繁多。不過語言裏面用着的元音，無論古今中外，都是很少，總不過用了十個左右。本編不是講發音學，不過說明古今音韻的大概，所以這裏對於元音的說明，只限於曾爲中國語言中所用着的那幾個罷了。

中國第一部韻書，就是聲類（這部書的名目雖然叫作聲類，但他是講韻類的，不可認爲音紐）。聲類以後，又有韻集，四聲切韻……等書。這些韻書早已亡佚了，存留到現在最古的韻書，就是廣韻。

廣韻本於唐韻，唐韻本於切韻。切韻變爲唐韻，唐韻變爲廣韻，都是增加新字新音，或更改若干字的讀音，於陸法言分類之大體上，是沒有甚麼變更的。因爲如此，所以現在切韻和唐韻雖然亡佚，有了這部廣韻，也就可以作爲切韻看待。以前研究音韻的人，說陸法言如何分韻，切韻的切部和周秦的韻部如何不同——都是據了廣切說的。廣韻共分二百零六韻，這是把四聲分開了說的。若把四聲併合了計算，則是六十一韻。廣韻以後，又有集韻，和廣韻不同的地方也是增加新字新音，及更改若干字的讀音，那分韻却和廣韻還是一樣，沒有增減。

上面說過『語言裏面用着的元音，無論古今中外，都是很少，不過用了十個左右』。那麼，何以廣韻和集韻的韻，竟有六十一部之多呢？難道隋唐宋時候，竟用到六十一個元音嗎；這一定不是的。我們應該知道，廣韻的一韻，並不就是一個元音，往往有三韻五韻同一個元音的。爲甚麼一個元音要分爲好幾韻呢；這是因爲古韻這部書，不單是說明當時的聲音，是兼有隋以前的古音的原故。譬如哈，佳，皆三韻，若論當時的元音，都讀國音之「ㄞ」韻，所以要分爲三韻者，因爲哈韻的字是古今都讀「ㄞ」的，佳韻本是古之齊韻，讀「ㄧ」音，後轉爲「ㄞ」的。皆韻本是古之灰韻讀「ㄟ」音。

後轉爲「ㄞ」的因爲系統不同，於是把同讀「ㄞ」音的字分爲三韻，其他以一個元音而分爲兩三韻的，大概都是這個原故。

照此看來，韻的意義，雖然就是元音，可是廣韻的若干韻部並非就是若干元音，因爲如此，所以宋元以來又有人把那一個元音分爲數韻的歸併爲一攝，關於攝的說明，（詳韻攝項）廣韻和集韻都是二百六韻，後來中原音韻併爲十九韻。洪武正韻，又變爲七十六韻，此外尚有若干韻書，分韻多少，彼此不同，這就是古今韻部有變遷的證據。

5 等呼

照中國音韻上的習慣，一個元音，可以分作開口和合口兩等。開合又各分爲洪細二等，開口洪音亦曰『開口呼』簡稱曰『開』，開口細音亦曰『齊齒呼』簡稱曰『齊』，合口洪音亦曰『合口呼』，簡稱曰『合』，合口細音亦曰『撮口呼』，簡稱曰『撮』。

潘耒的類音裏說：

初出於喉，平舌舒脣，謂之開口；

舉舌對齒，聲在舌顎之間，謂之齊齒；

斂唇而蓄之，聲滿頤輔之間，謂之合口；

蹙唇而成聲，謂之撮口。

潘氏這話，把開齊合撮的讀法，說的還算明白，現在的注音符號，於開口呼的字，單用本韻的韻母；注音齊齒呼的字，前加「ㄧ」母，合口呼的字，前加「ㄨ」母，撮口呼的字，前加「ㄩ」母。這開齊合撮，合起來又可以稱爲『四等』或『四呼』。這四等，是很容易說明的，宋元以來講音韻的人，不知怎樣一來，把這開合共有四等的話弄錯了，說是開口有四等，合口也有四等。稱爲開合一等二等三等四等；合口一等二等三等四等，合起來一共八等。是他們說這一等到四等的不同，有一等洪大，二等次大，三四皆細，而四尤細的話（江永四聲切韻表中如此說）這幾句話，仔細一想，竟是不通的。請問『次大』和『洪大』是怎樣的分別，而『尤細』與『細』又是怎樣的分別，章炳麟先生駁得很痛快，他說：

季宋以降，或謂合口開口皆四等，而同母同收者可分爲八，是乃空有名言，其實人哽介不能作語，驗以見母收舌之舌昆（合口）君（撮口）根（開口）斤（齊齒）以外，復有他聲可容其間耶?

章氏以外，如潘耒勞乃宣，都有駁八等的話。這等呼當從四等之說，不當從八等之說，可以作為定論了。

齊合撮三呼的字本是複合的元音，如「ㄧㄚ」是「ㄧ」和「ㄚ」複合的，「ㄨㄛ」是「ㄨ」和「ㄛ」複合的，「ㄩㄝ」是「ㄩ」和「ㄝ」複合的。那麼本不必說是一個元音分為四呼，不過四呼之說由來已久，就音理上論，也還勉強講得過去，所以就把他留住，也無妨礙。

周秦之音，多用開合，少用齊撮；唐宋之音，開齊合撮四等用得都很多；現代的國音，對於廣韻中齊撮兩呼的字，又有若干改讀開合兩呼了；這是古今音韻上等呼的變遷。

6　單純元音複聲元音和附聲的元音

單純元音，如國音韻母中「ㄧ」「ㄨ」「ㄩ」「ㄚ」「ㄛ」「ㄜ」「く」「ㄝ」諸韻是。

複合元音，是把兩個單純元音拼合，別成一個元音，如國音韻母中（ㄞ）（ㄟ）「ㄠ」「ㄡ」諸韻是。

附聲的元音，是在元音之後附加一個僕音，所附加的僕音有兩種：——

一種是帶鼻音，即（兀）（ㄋ）（ㄇ）

一種是破裂音，即（ㄎ）（ㄊ）（ㄆ）

加（ㄦ）的如國音韻母中（ㄤ）（ㄑ）諸韻是；加（ㄋ）的如國音韻母中（ㄢ）（ㄣ）諸韻是；加（ㄇ）的如廣韻的侵覃諸韻是。國音不用，把廣韻侵覃諸韻之字轉讀入（ㄣ）（ㄢ）諸韻之中，加破裂音的三種，就是廣韻的入聲諸韻；國音不用，把廣韻的入聲諸韻之字，都轉讀爲單純元音。

清朝以前研究音韻的人，對於這元音的分類，是不去留意他的，直到清朝的戴震，才把他分爲三類，他對於廣韻中的單純元音，（廣韻中沒有複合元音）說他『如氣之陰，如物之雌，如衣之裏』。對於廣韻中附加帶鼻音的元音，說他『如氣之陽，如物之雄，如衣之表』。對於廣韻中附加破裂音的元音，說他『近乎氣之陰，物之雌，衣之裏』（見答段若膺論韻書中）於是他的弟子孔廣森著詩聲類，就把單純元音稱爲『陰聲』，把附加帶鼻音的元音稱爲『陽聲』。章炳麟先生作成均圖。

就用孔氏所定的各目。（孔章二氏都把那附加破裂音的元音歸入單純元音之中）我以爲這些甚麼陰陽的名目是不應該拿來混用的。無聲僕音和有聲僕音。既有人稱他爲陰平陽平，單純元音和附加帶鼻音的元音又有人稱他爲『陰聲』『陽聲』，姑無論於陰陽的字義講不通，單就這『甲亦一陰陽乙亦一陰陽陰陽其所陰陽』一端而論。恐怕已經要看的人帶進迷魂陣裏去，我主張直稱爲『單純元音』等等較爲明瞭。

7　四聲

四聲的性質，是從來沒有人能夠把他說得明白的，像那元和韻譜裏說的：——

平聲哀而安；

上聲厲而舉；

去聲淸而透；

入聲直而促。

和那康熙字典卷首裏面畫了一只手，手中寫了平去上入四個字，底下又附了四句歌訣，叫作：——

平聲平道莫低昂，

上聲高呼猛烈强；

去聲分明哀遠道；

入聲短促急收藏。

這都是些莫名其妙的話，武斷的說來。大概這平上去入三聲是一個聲音長短的分別，但這話一定是很完密的；或者竟是說得很不對也未可知。

至於入聲和平上去三聲的區別，若就廣韻裏面去研求，證之以現在的廣東音，却可以把他說明白的。原來廣韻裏面的入聲，都是屬於附加帶鼻音諸韻的。那時加帶鼻音諸韻所附加的帶鼻音，有（兀）（ㄋ）（ㄇ）三種。（兀）是舌根阻的帶鼻音；（ㄋ）是舌尖阻的帶鼻音；（ㄇ）是兩脣阻的帶鼻音；讀平上去三聲的時候，聲音很長。自然把帶鼻音讀了出來，讀入聲的時候，聲音很短，僅將舌根和軟顎密接，未曾轉入鼻腔。音就戛然中止，於是（兀）就變爲（ㄎ）僅將舌尖和上牙床密接，未曾轉入鼻腔，音就戛然中止。於是（ㄋ）就變爲（ㄊ）僅將上下兩脣密接未曾轉入鼻腔，音就戛然中止。于是（ㄇ）就變爲（ㄆ），這（ㄎ）（ㄊ）（ㄆ）三音，不過表示氣流被阻之狀態，其實還沒有到破裂的地步。

廣韻裏的入聲就是如此，現在廣東音讀入聲，還是如此。可是現在除了廣東以外，入聲字都不是如此讀的：此部讀入聲諸字，把（ㄎ）（ㄊ）（ㄆ）完全消滅了，單讀他的前面的元音，所以北音無所謂入聲。中部對於入聲諸字比此部變遷的更利害。此部是僅僅消滅（ㄎ）（ㄊ）（ㄆ）而讀他的前面的元音。中部則更由單純元音變爲單純元音的促音。比此部又多轉了個灣，這種單純元音的促音，用羅馬字母拼中國音的人都用h去表他，如舒音（平聲）爲a，促音（入聲）爲ah，我們也可以用國音字母的（ㄏ）去表他。

在周秦古音之中，只有平入二聲的分別，他的入聲和廣部一樣，是附有（ㄎ）（ㄊ）（ㄆ）的。後來漸漸區分，成爲四聲；一般人都說四聲始於南齊的沈約，其實這話是不對的。魏李登的聲類已經分爲『宮』『商』『角』『徵』『羽』，五卷這『宮』『商』『角』『徵』『羽』五個字，就是借來作『平』『平』『入』『上』『去』（五音中的『羽』字廣韻音『王遇切』當讀去聲）的記號，與音樂上的五音全不相干（平聲因爲字多，所以分爲兩卷，後來的切韻廣韻，還是如此）。照此看來，漢魏之際，已經有四聲的分別了。我以爲一個聲音，本來可以讀長讀短。未必周秦的音只有平入二聲，漢魏以後的音突然增加上去二聲，不過周秦時候，對於平上去三聲，不去區別他。一個字的讀音或長或短或高或低，可以隨便，惟有入聲，因爲尾音和平聲不同，所以把他分別出來。魏晉以來，韻書日多；齊梁以後，律詩興起，於是把四聲分疆畫界。某字宜平，某字宜上，某字宜去，某字宜入；『分別部居，不相雜側』。要是有人把四聲讀錯，就要譏笑他『讀別字』了。但是這種規定，究竟不能統一。韻書裏規定讀甲聲的字，習慣上讀入聲或丙聲的，往往有之。所以廣韻中常有一字兼隸二聲三聲或四聲的，一字可以兼隸數聲，則無形之中已經取消規定某字宜平某字宜上的辦法了。

其實這四聲的分別，在實用上是沒有甚麼用處的，若爲過區別字義計；則一個字在一句話裏，是要連上下文看的，決不能靠着四聲來分別字義，若爲詩歌的音節計；則詩歌的音節本貴自然，不應該矯揉造作，拘牽了韻書的平上去入來作詩。請看詩經楚辭和後代的『古詩』聲調何等自然，近人所作的新體白話詩，聲是何等自然，這古詩和新體詩都是一本自然之音。並不拘牽甚麽平上去入。況且還有一層，這平上去入的讀法，自來就沒有一定的標準。陸法言的切韻序裏說：——

『秦隴則去聲爲入，梁益則平聲似去』。

這所『爲』的入和所『似』的去，實在就是陸法言的入聲和去聲罷了。秦隴人也可以說『陸法言讀入聲爲去』，梁益人也可以說『陸法言讀去聲似平』。

現在全國各處對於四聲，都是平其所平，上其所上，去其所去，入其所入。曾聽的有人說：『北方的上去二聲，和中部的上去二聲適得其反』。這自然是一句很不精確的話。但是北方讀上去二聲和中部讀上去二聲不是一樣，這是事實上的確如此的。平上去入的音，既然沒有一定的標準，在實用上又沒有分別的必要。所以我的意見，以現代的國音爲標準，實在不必再分四聲。

8　韻攝

前於（第四項）說過，『韻的意義，雖然就是元音；可是廣韻的若干韻部，並非就是若干元音』。現在把廣韻中一個元音分爲好幾韻的原故，臚列在下面：——

A 四聲的分別，

B 等呼的分別；

C 古今音的分別。

(A)(B)兩類的分別，是很容易明瞭的。(C)類的分別前於(韻部)項已經說過了。宋元以後，有人把廣韻中的韻部歸倂起來，凡因這三個原故而分的韻部。都把他合爲一類，合成若干類，就稱爲若干『攝』。這講韻攝的書，最古的有宋楊中修的切韻指掌圖。(舊稱司馬光作非是)。不過這部書已經給元明人羼亂，只能算作一部僞書了，其後有元劉鑑的切韻指南和四等聲子(不知作者姓名)都是講廣韻韻攝的書。明清之際，又有一部字母切韻要法。這書載在康熙字典卷首，是依當時的普通音而定的韻攝，與廣韻韻攝不同。

照此說來，一個韻攝，眞是一個元音子。但韻攝對於單純元音，複合元音和附聲的元音，還是分爲三類，若就音理上講，則複合元音，是單純元音和單純元音結合，附聲的元音，後面附加了僕音。這兩種都不能和單純元音立於同一的地位，不過中國的習慣，這複合元音和附聲的元音；也算他是一個獨立的音韻攝，究竟不是純粹講音理的東西，所以只爲依着習慣把這三類平列爲若干攝了。韻部和韻攝本來無須區列爲二，只因廣韻的韻部，不拿元音來區分，所以宋元以來，才別有韻攝的歸併，其後如周德清的中原音韻，樊騰鳳的五方元音，他的韻部，和韻攝一樣，這就無須別立韻攝了。洪武正韻雖然分別四聲，然除了這一點以外，其餘如『等呼』及『古今音』的分別，他却沒有；也還與韻攝的性質相近。現在的國音韻母也是依着列韻攝的方法製成的。

9　反切的方法

中國最古標音的方法，是六書中的『形聲』如『江』從『工』聲，『河』從『可』聲，就是拿『工』『可』兩個字的音來表『江』『河』兩個字的音。這種標音法，是把字音和字形合成一物的，後來字音變遷，字形不變，於是形聲字的『聲』之標音的功用，就漸漸的喪失了。（試舉現在的音爲例，如『江』『河』今讀「ㄐㄧㄤ」「ㄏㄜ」而『工』『可』則今讀「ㄍㄨㄥ」「ㄎㄜ」「ㄍㄨㄥ」當然不能標「ㄐㄧㄤ」音，「ㄎㄜ」當然不能標「ㄏㄜ」音。那麽，『工』『可』二字在『江』『河』二字中標音的功用，到了現在，不是完全喪失了嗎。）

形聲字的『聲』之標音的功用喪失以後，於是就改變方法。用同音的字來比方他的音，漢人所常用的『讀若某』，即是此法。如說文『莠讀若酉』；『虔讀若矜』；皆是別的書中所云『某音某』；亦是此類。這種標音的方法，又稱爲『直音』。『直音』的方法，漸漸又行不通了。於是有人就想出用反切標音的方法來。反切起於漢末，到了魏朝的孫炎著爾雅音義，暢用此法，從此以後，反切就大行了；陳禮切韻書中說：——

『古人音書但曰「讀若某」；「讀與某同」；然或無同音之字，則其法窮。雖有同音之字而隱僻難識，則其法又窮。孫叔然（炎之字）始爲反語，以二字爲一字之音，而其用不窮；此古人所不及也。』

陳氏這幾句話，把『直音』的弊病說的明明白白。

反切的原理和國音符號用聲韻相拼而成音是一樣的。可是把他切合的方法和國音符號的拼法相較，就大有優劣巧拙之不同了。

現在舉十個字來說明：——

（字）	（新拼法）	（舊反切）	（反切二字之音）
公	ㄍㄨㄥ	古紅	（ㄍㄨ　ㄏㄨㄥ）
祈	ㄑㄧ	渠希	（ㄑㄩ　ㄒㄧ）
都	ㄉㄨ	當孤	（ㄉㄤ　ㄍㄨ）
雷	ㄌㄨㄟ	魯回	（ㄌㄨ　ㄏㄨㄟ）
孩	ㄏㄞ	戶來	（ㄏㄨ　ㄌㄞ）
津	ㄗㄧㄣ	將鄰	（ㄗㄧㄤ　ㄌㄧㄣ）
灘	ㄊㄢ	他干	（ㄊㄚ　ㄍㄢ）
毛	ㄇㄠ	莫袍	（ㄇㄛ　ㄆㄠ）
康	ㄎㄤ	苦岡	（ㄎㄨ　ㄍㄤ）
樓	ㄌㄡ	洛侯	（ㄌㄛ　ㄏㄡ）

用『古紅』二字切『公』字，不是把『古紅』二字連起來急讀是借『古』字的聲來表『公』

字的聲。借『紅』字的韻來表『公』字的韻。『公』字的聲是（ㄍ），『古』字的聲也是（ㄍ）；『公』字的韻是『ㄨㄥ』，『紅』字的韻也是『ㄨㄥ』；所以用『古紅』二字來切『公』字的音。照此看來，就是借『古』字的聲（ㄍ）和『紅』字的韻（ㄨㄥ）合成一個（ㄍㄨㄥ）音來切『公』字；這不是和拼音的原理一樣嗎？但是不將僕音（ㄍ）製一音標而借『古』字來標（ㄍ）音。於是連『古』字的元音『ㄨ』也附在『公』字的反切之中了。不將元音（ㄨㄥ）製一音標而借『紅』字來標（ㄨㄥ）音；於是連『紅』字的僕音『ㄏ』也附在『公』字的反切之中了。你想標『公』字之音，本來只須用僕音（ㄍ）和元音（ㄨㄥ）。用了『古紅』二字作切，便將與『公』字全不相干的元音（ㄨ）和僕音『ㄏ』夾在中間，作成一種障礙物，這不是叫人難懂嗎？況且因爲不認識『公』字，才去查反切；反切的『古紅』二字就一定能够認識嗎？把用漢字切漢字和製音標切漢字兩種方法比較，自然是前者劣而後者優。把用中間有障礙物的反切切音和用聲母韻母拼音兩種方法比較，自然是前者拙而後者巧。

『公』字的反切方法說明了。則其他九字的反切方法可以例推，如：——

渠希切中的（ㄩ）和（ㄒ）

當孤切中的（ㄤ）和（ㄍ）

魯回切中的（ㄨ）和（ㄏ）

戶來切中的（ㄨ）和（ㄌ）

將鄰切中的（一ㄤ）和（ㄌ）

他干切中的（ㄚ）和（ㄍ）

莫袍切中的（ㄛ）和（ㄆ）

苦岡切中的（ㄨ）和（ㄍ）

洛侯切中的（ㄛ）和（ㄏ）

都是障礙物在『祈』『都』『雷』『孩』『津』『灘』『毛』『康』『樓』九字中，其反切上一字之『渠』『當』『魯』『戶』『將』『他』『莫』『苦』『洛』只用其僕音之（ㄑ）（ㄉ）（ㄌ）（ㄏ）（ㄗ）（ㄊ）（ㄇ）（ㄎ）（ㄌ）下一字之『希』『孤』『回』『來』

『鄰』『干』『袍』『岡』『侯』，只用其元音之（ㄧ）（ㄨ）（ㄨㄟ）（ㄞ）（ㄧㄣ）（ㄢ）（ㄠ）（ㄤ）（ㄡ）。現在把前列十字反切二字之音删去其障礙物，即得正確之拼音。（括弧表示删去）——

公　ㄍ（ㄨㄏ）ㄨㄥ＝ㄍㄨㄥ

祈　ㄑ（ㄩㄒ）ㄧ　＝ㄑㄧ

都　ㄉ（ㄤㄍ）ㄨ　＝ㄉㄨ

雷　ㄌ（ㄨㄏ）ㄨㄟ＝ㄌㄨㄟ

孩　ㄏ（ㄨㄌ）ㄞ　＝ㄏㄞ

津　ㄗ（ㄧㄤㄌ）ㄧㄣ＝ㄗㄧㄣ

灘　ㄊ（ㄚㄍ）ㄢ　＝ㄊㄢ

毛　ㄇ（ㄛㄆ）ㄠ　＝ㄇㄠ

康　ㄎ（ㄨㄍ）ㄤ　＝ㄎㄤ

樓　ㄌ（ㄛㄏ）ㄡ　＝ㄌㄡ

不僅這十個反切的方法如此，所有盈千累萬的反切。其方法無不如此。因爲不製音標，借漢字來作反切。從無一字無元音。（今音間有無元音之字，如國音之讀『而』字，蘇州方音之讀『魚』字之類。然古音則無字無元音）。所以反切上一字，雖僅爲標僕音之用。然必有不相干的元音爲其障礙物。單用元音之漢字，雖亦有之，然作反切之時，既用了有不相干的元音之字爲其上一字。自然亦可用有不相干的僕音之字爲其下一字。換言之，卽反切二字上一字只用其僕音，下一字只用其元音，中間有沒有障礙物。是完全不管的，障礙物之爲甲爲乙；自然更不去管他了。所以一個音可以作出許多反切來。這許多反切，用字雖不同，而所切的音却都是一樣。因爲這種不同的反切上一字的僕音，一定是相同的；下一字的元音，一定也是相同的。所不同者中間之障礙物，或爲甲或爲乙；罷了。例如：——

侃（ㄎㄢ）
- 唐韻——空旱切（ㄎㄨㄥ　ㄏㄢ）
- 集韻——可旱切（ㄎㄛ　ㄏㄢ）

若去其中間的障礙物，則：——

ㄎ（ㄨㄥ，ㄏ）ㄢ
ㄎ（ㄛ　ㄏ）ㄢ　}＝ㄎㄢ

又如：——

各（ㄍㄛ）{ 唐韻——古洛切（ㄍㄨ　ㄌㄛ）
　　　　　集韻——剛鶴切（ㄍㄤ　ㄏㄛ）

若去其中間的障礙物，則：——

ㄍ（ㄨ，ㄌ）ㄛ
ㄍ（ㄤ，ㄏ）ㄛ　}＝ㄍㄛ

照此說來，反切的方法，雖然是非常之笨拙。但若把他弄明白了，也就沒有甚麼難懂的地方；不過現在有了注音符號這種新音標，又有國音字典；用新音標注定字音。則今後除了研究古書的人，就沒有知道反切的必要了。